日本製鉄と朝鮮人強制労働

―韓国大法院判決の意義―

中田光信

神戸学生青年センター出版部

目次

表紙写真　忠清北道清州から日本製鉄大阪工場に動員される朝鮮人（一九四三年）
裏表紙写真　大阪工場に動員される前の思想検査（一九四三年）
出典「散らばったあの日の記憶」対日抗争期強制動員被害調査及び国外強制動員被害者等支援委員会二〇一二年

はじめに

一九九〇年代、戦時中の日本軍による性暴力被害者である元「慰安婦」、炭鉱や土木工事現場、工場などで過酷な労働を強いられた人たち、日本の侵略戦争に軍人・軍属として駆り出された人たちが怒りの声を上げ、日本政府や企業に対して謝罪と補償を求めて立ちあがった。それは戦争被害体験を中心に積み上げられてきた日本の平和運動への問いかけでもあった。

それまで東西冷戦で封印されていた戦争被害者の声は日本の戦争責任・植民地支配責任の問題を明らかにした。日本の裁判では、裁判途中で強制動員被害者と一部企業が和解した事例はあるものの、請求が棄却され、被害者の権利と尊厳の回復はなされなかった。欧米によるアフリカ・アジアの植民地支配と被害者の尊厳回復の歴史をみれば、植民地支配がもたらした被害の回復は道半ばである。

国連の二〇〇一年のダーバン宣言、二〇〇七年の先住民族の権利に関する宣言などの趣旨をふまえて、植民地主義を克服し、植民地支配がもたらした被害を回復し、被害者の人権を回復することが、戦争や植民地支配に起因するあらゆる「暴力」の抑止、平和の実現につながる。

植民地支配の歴史事実を歪曲し否定する日本の勢力に対して、過去の歴史事実を明らかにし、被害者への謝罪と賠償、和解を実現させていくことが、東アジアの平和な未来を切り開いていくことになる。二〇一八年の韓国大法院の強制動員判決は新たな地平を示す画期的な判決であった。

本書ではこのような視点から、日本製鉄に強制動員された朝鮮人が日本と韓国で二〇年余り闘った経過を振り返り、その意義を考えてみたい。本書が今後の運動の糧となれば幸いである。

一　日本製鉄での朝鮮人強制労働

1　朝鮮人強制連行・強制労働とは

日本政府は侵略戦争の本格化に伴う労働力不足を補うために労務動員計画を立て、日本国内への朝鮮人の強制動員を始めた。

一九三九年の「朝鮮人労働者内地移住に関する件」の策定により「募集」による炭鉱、鉱山や土木建設工事などへの動員をおこなった。企業は政府から募集人員数の許可を得て、朝鮮総督府から動員する郡の指定を受けた。

また一九四二年の「朝鮮人労務者活用ニ関スル方策」の閣議決定により、朝鮮労務協会を使っての「官斡旋」の動員をすすめた。さらに一九四四年九月以降は国民徴用令を適用して「徴用」による強制動員を行った。軍需会社法により、一九四四年に入ると軍需会社を指定し、指定された工場や炭鉱などの従業員全てを軍需徴用することも行った。

日本内地へ送られた朝鮮人の多くは炭鉱、鉱山、土木建築などの過酷な労働現場で働かされた。朝鮮半島の農村で働いていた青年が突然、そのような現場に放り込まれたのである。動員は詐欺や暴力を伴う強制動員であり、数多くの朝鮮人が被害を被った。一九四四年七月の「徴用ハ別トシテ其

小暮泰用「復命書」(1944 年 7 月)

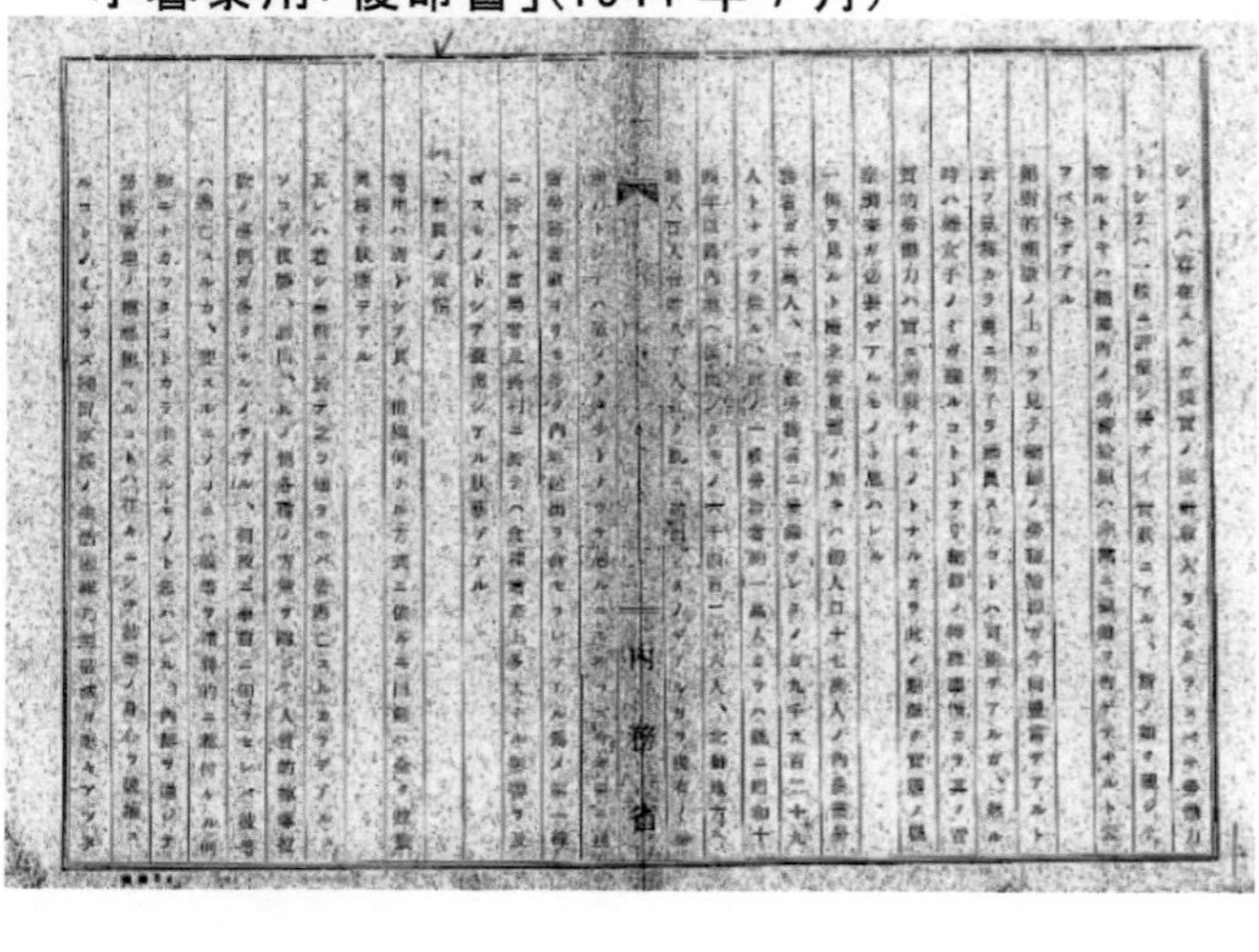

ノ他如何ナル方式ニ依ルモ出動ハ全ク拉致同様ナ状態デアル」（内務省嘱託小暮泰用「復命書」）という文書は、当時の強制動員の一面を示すものである。

このような労務動員は「朝鮮人強制連行」と呼ばれる。ここでは、戦時の日本による朝鮮人の労務動員を「強制動員」、あるいは「強制連行・強制労働」と表記する。

日本製鉄八幡製鉄所をはじめ「明治産業革命遺産」の対象資産の多くが戦時中、朝鮮人や中国人、連合軍捕虜を強制労働させた現場であった。そのため二〇一五年の「明治産業革命遺産」のユネスコ世界文化遺産の登録に際し、韓国政府はその登録に反対した。その際、日本政府は「一九四〇年代にいくつかのサイトにおいて、その意思に反して連れて来られ、厳しい環境の下で働かされた多くの朝鮮半島出身者等がいたこと、また、第二次世界大戦中に日本政府としても徴用政策を実施していたことについて理解できるような措置を講じる所存である」と表明した。それにより登録が承認された。

しかし国内の説明では、菅義偉官房長官（当時）は「一九四四年九月から一九四五年八月の終戦までの間に国民徴用令に基づいて、朝鮮半島出身者の徴用が行われた。これはいわゆる強制労働を意味するものでは全くない」、「当時の日本のこの徴用はＩＬＯの強制労働条約で禁じられた強制労働に当たらない」とし、強制労働を否定した。

二〇一八年、元徴用工の損害賠償を認めた韓国大法院判決が出された。その直後の十一月一日、衆議院予算委員会において安倍晋三首相（当時）は次のように述べた。

「当時の国家総動員法下の国民徴用令においては募集と官あっせんと徴用がございましたが、実際、今般の裁判の原告四名はいずれも募集に応じたものであることから、朝鮮半島出身労働者問題、こう言わせていただく」。

安倍首相は「徴用工」という用語の使用を避けたが、日本製鉄は一九四四年一月に軍需会社の指定を受けていた。それにより募集や官斡旋で動員されていた朝鮮人は軍需徴用されている。それゆえ大法院判決の原告らは徴用工にあたる。安倍は「募集」を強制動員ではないとみなし、「徴用」という強制性を想起させる言葉を避けた。「旧民間人徴用工」という呼称を「旧朝鮮半島出身労働者」に変更し、歴史を歪曲したのである。以後、日本政府はこの用語を使用するようになった。

2 日本製鉄での朝鮮人強制労働

日本製鉄株式会社は、一九三四年に基幹産業であった鉄鋼業の再編により、国策会社として設立された。戦後、財閥解体により富士製鉄、八幡製鉄等に分割されたが、再合併して新日鉄となり、その後住友金属工業と合併し、更に社名を日本製鉄に変更した。当時、日本国内では、室蘭、釜石、広畑、八幡に製鉄所を有し、大阪市大正区でも大阪工場を操業する日本一の鉄鋼会社であった。日本製鉄は日本のアジア侵略を鉄鋼生産で支え、戦時には数多くの朝鮮人を強制動員した。日本製鉄は強制動員企業の代表格である。

日本製鉄の「朝鮮人労務者関係　勤労課」という綴には、敗戦直後の朝鮮人元徴用工に対する処遇に関する社内文書や日本政府の通達類、雇用年月日・解雇年月日・解雇の事由・給料の額・預かり金などが記載された供託金明細の一覧表などが収録されていた。その文書を古庄正氏（駒澤大学名誉教授・故人）が研究し、その実態を解明した。その研究内容は「日本製鉄株式会社の朝鮮人強制連行と戦後処理」(駒沢大学経済学論集第二五巻第一号)に詳しい。この資料にある供託名簿から、日本製鉄全体で三九二九名分、四一万七六八四円の未払賃金等が供託されていたことが確認された。

日本製鉄の「朝鮮人労務者関係」には、八幡製鉄所三〇四二人、釜石製鉄所六九〇人、大阪工場一九七人の計三九二九人分の未払金の名簿が残されている。

日本製鉄に強制動員された朝鮮人の総数については明確ではない。

日本製鉄株式会社解雇事由別供託金額				
製鉄所・工場名	解雇理由	未払金額合計	員数	一人当りの金額
		円		円
	戦災死	55,945.06	21	2,664.05
	業務上戦災死	17,970.53	4	4.492.63
	公傷死	4.510.17	5	902.03
	私病死	32.93	2	16.46
釜石製鉄所	逃　亡	23,139.61	366	63.22
	事故帰国	17,554.26	188	93.37
	終戦帰国	3,912.90	44	88.92
	契約満了帰国	845.33	35	40.89
	入隊帰国	1,002.86	11	91.16
	病気帰国	918.06	14	65.57
小　計		125,831.71	690	182.36
	逃　亡	1.00	1	1.00
	満　期	121.74	27	4.50
大阪工場	清津転傭	18,776.07	163	115.19
	家事都合帰鮮	105.60	4	26.40
	死　亡	4,666.98	2	2,333.49
小　計		23,671.39	197	120.15
八幡製鉄所	整理解雇	268,181.01	3,042	88.15
小　計		268,181.01	3,042	88.15
合　計		417,684.11	3,929	106.30

古庄正「日本製鉄株式会社の朝鮮人強制連行と戦後処理」から引用

古庄正氏は前記論文で、社史も参考にしながら敗戦までの各製鉄所の強制動員数について、確実な数字として輪西製鉄所二六七九人、釜石製鉄所一二六三人、富士製鉄所二八人、大阪工場一九七人、広畑製鉄所一七八人、八幡製鉄所四一九二人の計八五三七人をあげ、満期退職者の数を加えると総数は一万人を超えると推定している。

日本製鉄はこれ以外にも関連の港湾労働や日鉄鉱業傘下の炭鉱・鉱山の現場にも数多くの朝鮮人を連行した。

二　日本での日本製鉄訴訟

1　日鉄釜石・艦砲射撃で亡くなった徴用工遺族が提訴

日本製鉄の「朝鮮人労務者関係」には、釜石製鉄所の六九〇名の供託名簿があった。そこにはアメリカ軍の艦砲射撃によって亡くなった徴用工に関する記載があった。古庄氏が韓国の住所に手紙を送ったところ、遺族と連絡が取れ、遺骨の返還、未払賃金の支払いや死亡通知もなされていないことが判明した。

そこで遺族十一名が日本製鉄と日本政府に対して、一九九五年九月、遺骨返還、未払賃金の支払い、謝罪と補償を求める裁判を東京地方裁判所に起こした。日本製鉄に対する徴用工被害者の闘いが始まったのである。

その後、艦砲射撃で亡くなった遺族と会社とは一九九七年九月に和解をした。日本政府に対する裁判は二〇〇七年一月に最高裁で棄却された。（日鉄釜石裁判）

2　日鉄大阪工場に動員された徴用工が提訴

釜石製鉄所の徴用工遺族の裁判に続いて、大阪工場に強制動員された元徴用工の生存者の呂運澤（ヨウンテク）さんと申千洙（シンチョンス）さんの二人が一九九七年一二月二四日、日本製鉄と日本政府を被告として大阪地方裁判所に未払賃金の返還、謝罪と補償を求めて訴えを起した。（日鉄大阪裁判）

大阪で労働事件の弁護などで著名な松本健男弁護士を団長に迎え、桜井健雄、幸長裕美、竹下政行、奥村秀二、金喜朝の六名の弁護士による弁護団が結成された。提訴に先立って事前に原告への聞き取り調査と裁判の準備のために、韓国・ソウルを訪問した。当時、韓国は通貨危機により国際通貨基金（ＩＭＦ）から資金支援を受けていた。

提訴当日は、彼らの未払賃金が供託された大阪法務局に対して供託名簿の閲覧請求を行った。また、当時中之島の朝日ビルにあった日本製鉄の大阪営業所への要請行動なども行った。

その後も口頭弁論期日（地裁十二回、高裁三回）には必ず二人の原告が訪日し、期日に合わせて支援する会とともに大阪営業所への要請行動や本社交渉などを行った。裁判とともに会社に対する責任追及の取組みや社会に広く訴える活動を展開した。

二〇〇一年三月二七日大阪地裁は原告敗訴の判決を言い渡した。判決当日は「全国総行動」として北海道支店、室蘭製鉄所（北海道）、君津製鉄所（千葉）、名古屋製鉄所（愛知）、堺製鉄所（大阪）、広畑製鉄所（兵庫）、光製鉄所（山口）、八幡製鉄所（福岡）、大分製鉄所（大分）、四国営業所（高松）、中国支店（広島）、大阪支店、全国の支店・製鉄所への要請行動に取り組んだ。

また、二〇〇二年七月二日の大阪高裁の結審時には、東京総行動の一環として本社前行動をおこないアピールした。そして高裁判決をむかえるにあたり、高裁宛ての公正判決要請はがきや判決当日の全国の支店（名古屋、大阪、中国、九州）への一斉要請行動にも取り組んだ。

二〇〇二年一一月一九日、大阪高裁は控訴を棄却した。翌日、問題解決を求める韓国国会議員の二九名の署名を添えて原告とともに本社交渉を行ったが、会社側の回答は一企業で解決で

1997 年 12 月 24 日　大阪地裁へ提訴

きない、法律（裁判）で解決するしかない」と答えるだけであった。そして翌年二〇〇三年十月九日には最高裁が上告を棄却した。これにより日本の司法での解決の道は閉ざされた。

3　裁判の争点

強制連行・強制労働が不当、違法であることを明らかにする為に、裁判では様々な争点を提起した。争点は以下である。

民法上の不法行為を適用すること、戦前国家の違法な行為によって損害が生じても国家が賠償責任を負わないとされていた国家無答責論が不当であること、戦後の財閥解体により設立された別会社であり、会社経理応急措置法・企業再建整備法により旧会社の債務は新会社には承継しないという主張が不当であること、企業として労働者の安全配慮義務に違反すること、日韓請求権協定第二条での財産権を国内で消滅させた法律(「法律第一四四号」)が違憲であること、敗戦後、帰国した強制動員被害者に代わり朝鮮人連盟が未払賃金等を請求したが、それへの対抗措置として政府の指示により会社が行った未払賃金の供託手続きが無効であること。

大阪地裁は強制労働についてつぎのように判決した。「日本製鐵の経営する大阪製鉄所に付属する本件寮における控訴人らの居住状況と大阪製鉄所での労働内容は、技術を習得させるという日本製鐵の事前説明から予想されるものとは全く異なる劣悪なものであって、控訴人らは一部賃金の支払を受けたものの、具体的な賃金額も知らされないまま、残額は強制的に貯金させられ」た。「常時、日本製鐵の監視下に置かれて、労務からの離脱もままならず、食事も

2001年3月27日　大阪地裁判決当日

十分には与えられず、劣悪な住環境の下、過酷で危険極まりのない作業に半ば自由を奪われた状態で相当期間にわたって従事させられ、清津においても、短期間とはいえ、一日のうち一二時間も土木工事に携わるというさらに過酷な労働に従事させられ、賃金の支払は全くなされていないことが認められ、これは実質的にみて強制労働に該当し、違法といわざるを得ない」。このように強制労働であるとし、不法行為を認定したのである。高裁でも地裁の判断は維持された。

しかし、大阪地裁は日本への「連行」の形態が「募集」であったとし、その「強制性」については否定した。

つぎに未払賃金の供託の有効性についてである。

2002 年 7 月高裁結審集会・呂運澤さん

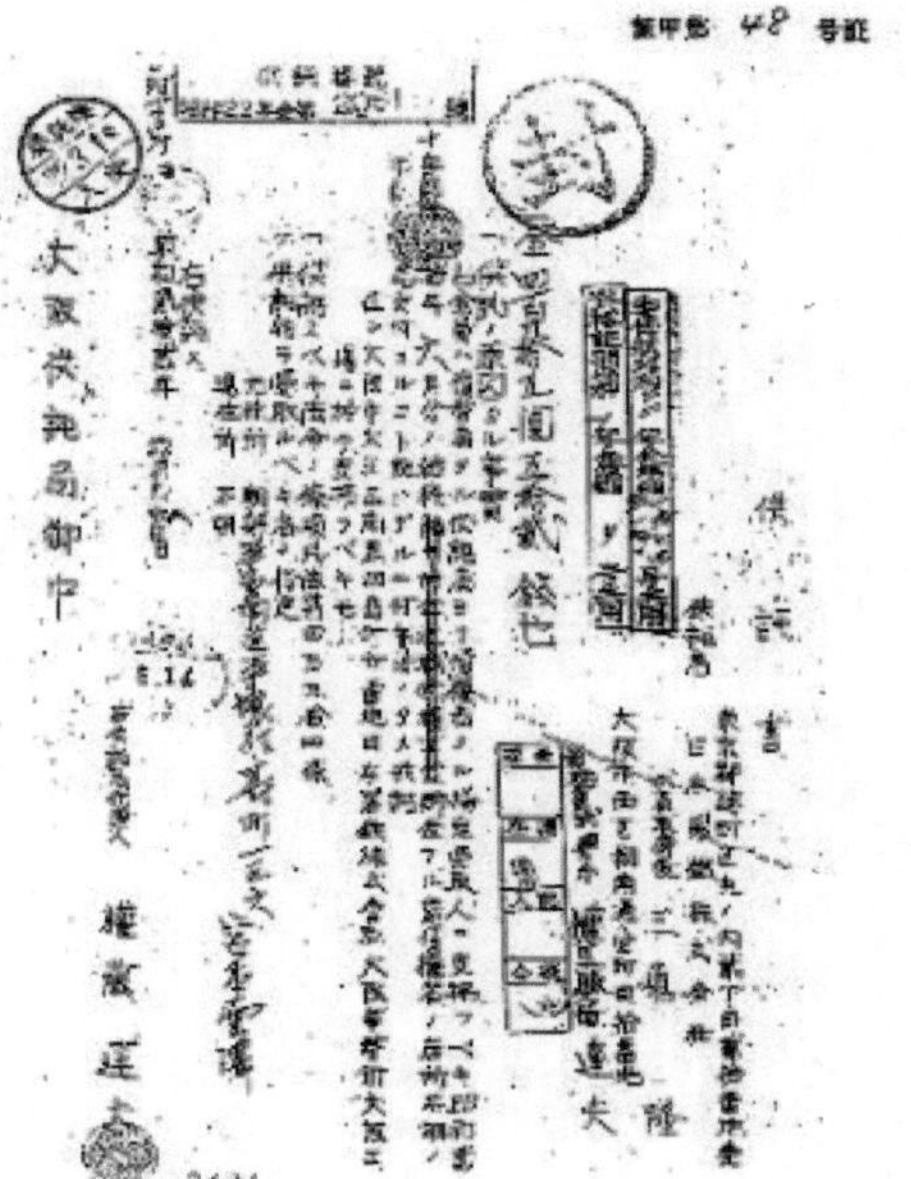

文書開示命令により裁判所に提出された供託書

供託においては、本人通知もなされず、金額も不正確であることから、その「有効性」を争った。

大阪法務局は一貫して閲覧を拒否していたが、大阪高裁は大阪法務局に対して原告らの供託書の文書提出を命令し、供託書は証拠として裁判所に提出された。

大阪地裁は、未払賃金の供託手続きについて、古庄正氏の証言・意見書を根拠に、未払賃金を本人に通知することもなく政府の指示によって行った杜撰な供託であり、「不正確」な金額であったと

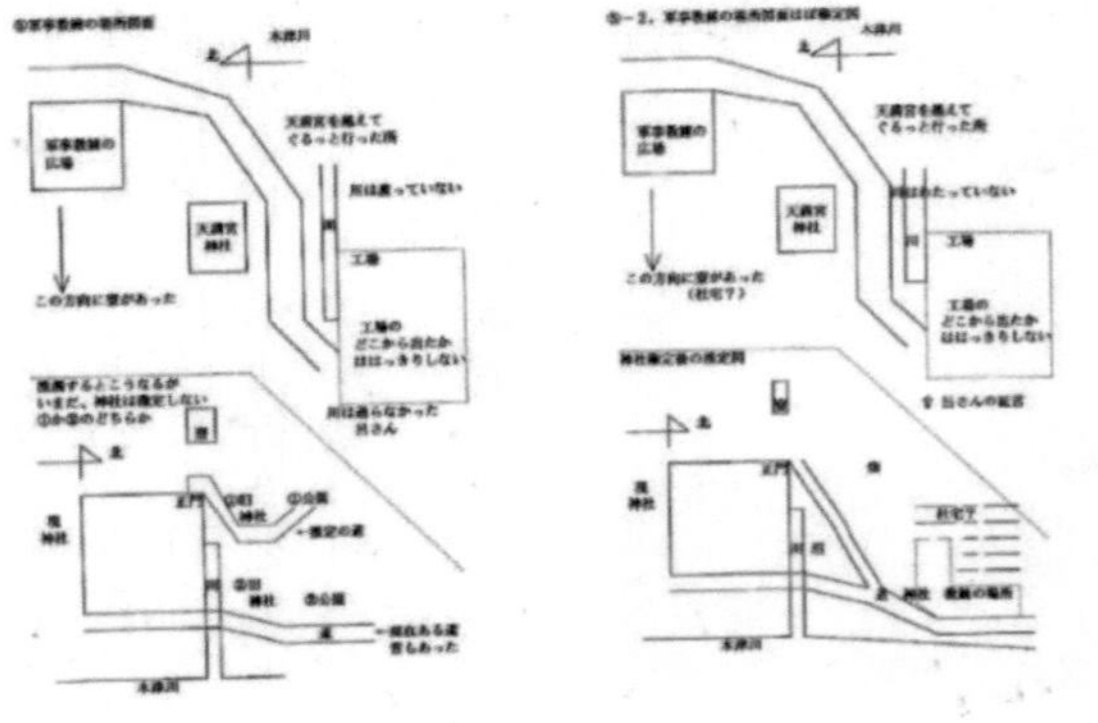

原告聞き取りから再現、工場周辺地図(裁判所提出)

2001年(平成13年)3月28日 水曜日

強制労働賠償訴訟

韓国人2人の請求棄却

大阪地裁 国・新日鉄 責任問えぬ

違法性は認定

「私たちの戦争 終わらない」 怒る原告

2001 年 3 月 27 日大阪地裁判決記事

して無効と認定した。しかし大阪高裁は供託金の内訳を精査することなく供託が有効であると判断した。

大阪地裁は、個人請求権は消滅していないと解釈していたが、大阪高裁は「日韓請求権協定及び財産権措置法の各文言などにかんがみると、財産権措置法一項一号にいう「日本国又はその国民に対する債権」には、韓国国籍を有する韓国に居住する控訴人らの日本製鐵に対する未払賃金債権、強制連行の不法行為による損害賠償請求債権、謝罪文交付請求債権及び弁護士費用請求債権が包含されていると解するのが相当である。したがって控訴人らの日本製鐵に対する債権は、日韓請求権協定二条三の財産、権利又は利益に該当し、財産権措置法の適用によって昭和四〇年六月二二日をもって消滅したものと解するのが相当である」として、請求権協定と財産措置法（法律一四四号）によって請求権は消滅したという解釈を正面に押し出し、判決を下した。

それまで日本政府は、日韓条約で消滅したのは外交保護権であり個人の請求権は消滅していないと解釈してきた。しかし訴訟がすすむ中で「条約締結によって請求権問題は解決した」「個人の請求権はあるが、救済を裁判で求める権利は消滅した」と主張するようになった。裁判所がこのような主張を認めるようになったことが問題であるが、最高裁は口頭弁論も開くことなく原告の請求を棄却した。

4　ＩＬＯ２９号（強制労働）条約違反申立

ＩＬＯ（国際労働機関）の第２９号条約第二条は強制労働を「或者ガ処罰ノ脅威ノ下ニ強要セラレ且右ノ者ガ自ラ任意ニ申出デタルニ非ザル一切ノ労務ヲ謂フ」と定義する。日本軍性奴隷とされた元「慰安婦」、炭鉱や工場などで劣悪な労働環境のもとで働かされた朝鮮人・中国人が置かれた状況はまさにこの条約に言う「強制労働」であった。

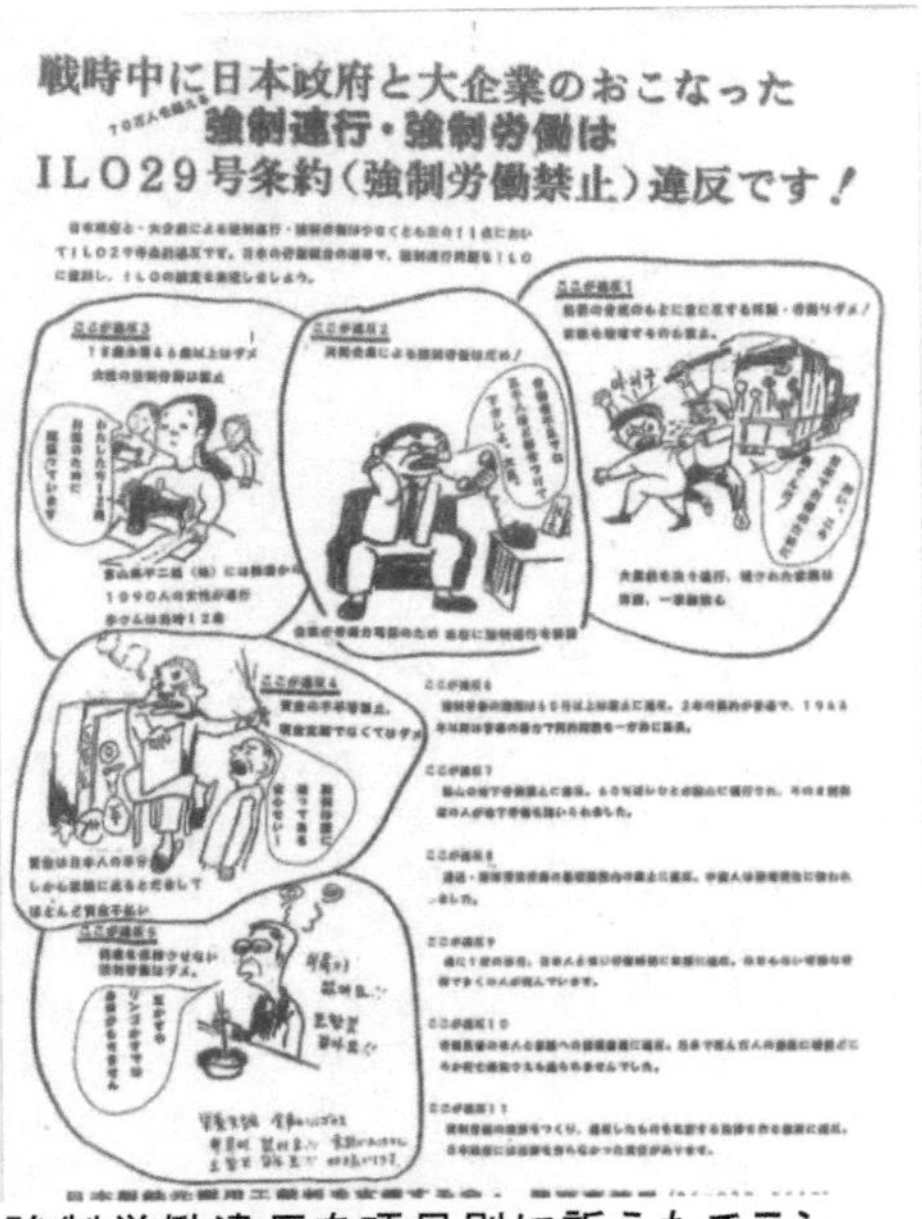
戦時中に日本政府と大企業のおこなった
強制連行・強制労働は
ILO29号条約（強制労働禁止）違反です！

強制労働違反を項目別に訴えたチラシ

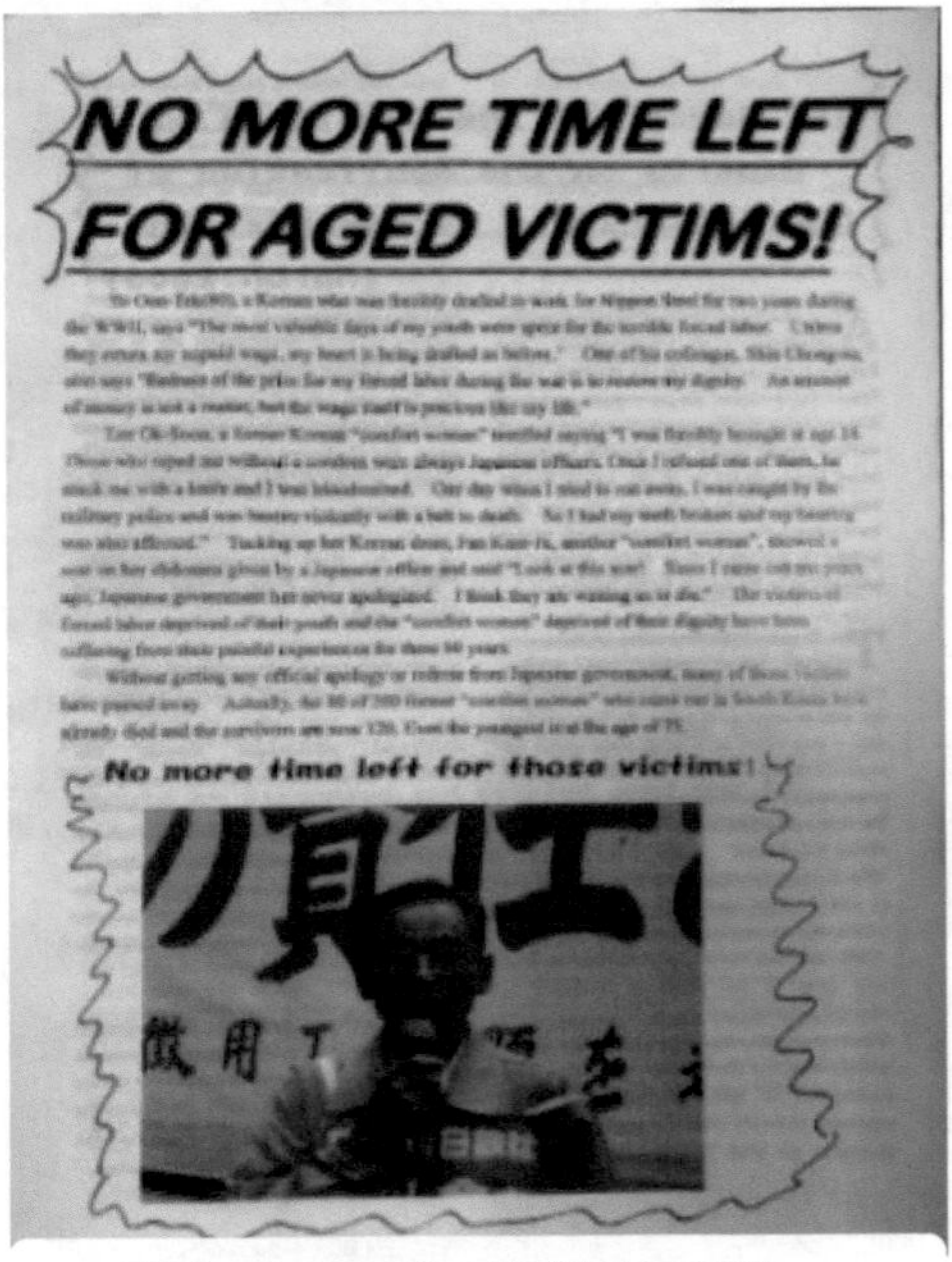
NO MORE TIME LEFT
FOR AGED VICTIMS!
No more time left for those victims!

ILO総会でのロビー活動のチラシ

日本軍性奴隷制度については、一九九五年に大阪府特別英語教員組合がＩＬＯ２９号(強制労働条約違反であるとＩＬＯへ申立てを行った。これに対して翌年、ＩＬＯ専門家委員会は「かかる行為は条約に違反する性奴隷制と特徴づけられるべき」とし、日本政府に適切な対応を求めた。さらに一九九七年の専門家委員会報告は、条約の解釈として、一九七九年のＩＬＯの「強制労働の廃止のための一般的調査」で示された「住民に対する切迫した危険に対処するためにどうしても必要な役務」以外は条約の適用除外の対象にはならないとし、日本政府が主張する戦時には条約は適用されないという「戦時適用除外」の解釈は認められないとした。

強制労働問題については、一九九六年に結成された「強制連行・企業責任追及裁判全国ネットワーク」がＩＬＯへの申立てに取り組んだ。ネットワークには日本製鉄元徴用工裁判など戦時の強制労働に関して日本政府と企業の責任を追及する各地の支援団体が参加した。このネットワークが中心となり、全国二三〇を越える労働組合が連名して、申立文をILOへ送付した。申立文では「年齢・性別の制限（一八才から四五才までの男子）」、「労働期間の制限」、「労働時間の制限」、「賃金平等と現金支給原則」など十二の具体的な違反内容を条文に沿って示した。

この申立てに応え、一九九九年に出された専門家委員会の報告において「戦時産業強制労働」（中国人・朝鮮人強制労働）についても29号条約違反であることがはじめて認定された。

以後「強制労働」に関連して専門家委員会は二〇一六年まで合計一六回この問題を取り上げた。

このILOへの申立ては、「強制労働」がたとえ過去のことであろうと正さなければならない課題であることを示すものであった。また、過去の強制労働の問題は、現在の日本の技能実習生の人権問題にも繋がる課題であることを明らかにした取組みとなった。

5　韓国内での被害者調査

裁判での勝利の展望が見通せない状況となり、それを突破するため、会社が残した三九二九名の未払賃金の供託名簿を手掛かりに調査を始めた。韓国の被害者団体（太平洋戦争被害者補償推進協議会）とともに日本製鉄に動員された被害者の全体像を明らかにすることをめざした。韓国内での被害者の調査は二〇〇一年九月から二〇〇二年一月にかけて四回行った。会社に全面解決の要求を突きつけるためである。

その結果、生存者四八名、遺族一三五名の被害者の存在が明らかになった。その後、さらに約一八〇名の被害者が判明した。

これらの被害者が中心になって「日鉄徴用被害者会」が結成された。被害者会は「被害者への補償と『未来事業』のための基金設立」「被害者調査への協力」「日本政府への補償と調査への働きかけ」の三つの要求を掲げ、二〇〇二年三月と四月に会社へ申し入れを行った。

しかし、会社は「会社単独で解決できる問題でなく政府の問題である」として要求を拒否した。

4次にわたる日韓共同調査活動で

120人の日鉄強制連行被害者見つかる

全国の市役所や面事務所が全面的に協力！

次々と明らかになる日鉄の強制連行の事実！

1月19日に大田市で被害者大会開催準備進む

第1回調査（9月21日～23日）

○忠清南道公州市～長岐面事務所etc
老人会長へ要請。老人会の昼食会へ参加して原告が訴え。

○全羅南道長興郡－各面・邑へ調査に協力の指示を出すことを約束。長東面で一人の元徴用工と面会。

第2回調査（10月19日～21日）

○忠清北道清州市役所～清原郡～米院面
九芳里にて呂運澤原告が54年ぶりに同じ大阪製鉄に働いていた方と劇的な再会
「2年経ったら技術者になれるといわれた」「常に空腹だった」「給料も少なかった」「12時間2交替でたいへん苦しかった」「募集から徴用に途中で変わった」聞き取りの結果。2人含めて名簿外の人1名含めて7名の生存を確認できた。

○全羅南道～蓉山面～長興邑～長興郡庁
etc各面事務所へ要請

第3回調査（11月22日～11月24日）

○忠清南道大田市～
3名の徴用工の人と面談一人と電話連絡。
▽元大阪製鐵徴用工金龍洙さん「18歳のとき面事務所に捕まって、そのままプサンから連絡船に乗せられて連れて行かれた。募集なんかではない。すでに結婚していたが、妻と母を残していった。残された家族は髪の毛を売ったりして飢えをしのいだ。月10円ぐらいしかもらえなかったので、こずかいで使ってしまうとなくなってしまい、お金を家には持って帰れなかった。」

○全羅北道全州市～
▽元八幡製鉄徴用工李鉉浩さん（聞き取り）
2人の元八幡製鉄の元徴用工の方と会える。
「技術を持っていたので高い給料をもらった。最初は工場で働きながら中学校に行った。その後学校が廃校になった。敗戦後は家に帰れるのがうれしくて未払い金のことなど考えなかった。要求運動には参加したい。」
▽元八幡製鉄徴用工劉載浩さんの聞き取り
「店で働いていたとき、店の主人と警察署長がやってきて『勧められて』日本に行った。日本に行くまでの黄海道での事前の研修期間の時が一番大変だった。一握りのご飯と味噌汁だけ、日本から迎えに来た人間が私の顔色を見て心配するぐらいだった。また研修という名の下、徴兵された日鉄の社員の留守家族の農作業の手伝いまでやらされた」

第4次調査（1月3日～1月5日）

○忠清南道大川市～
釜石製鉄所の元徴用工・遺族の6名の方が集まってくださった。
「この地域から63名が連行されたのに30名余りしか名簿に載っていない、おかしい。給料は安かった。途中で軍隊に取られて大変だった。」

三　日本製鉄での強制労働の証言

呂運澤さんと申千洙さんは日本製鉄の大阪工場に強制動員された。二年間工場で働けば技術が習得でき、韓国に戻って技術者として就職できるという募集広告に応じた。平壌から大阪に連れて来られ、格子が嵌った寮に収監され、自由が与えられない状況に置かれた。そのときはじめて「騙された」ことに気づいたという。賃金を全額支給すれば浪費するという理由で、月二、三円程度の小遣いだけが支給された。残りは強制貯金させられた。十分な食事も与えられず、技術習得とは程遠い過酷な労働に従事させられた。大正警察の警官がしばしば立ち寄り、「逃げても直ぐに捕まえられる」と言って彼らを監視した。朝鮮半島にも徴兵制が実施されることになり、申千洙さんは徴兵検査を受けた。徴兵が決まったため、寮から逃げようとし、舎監による凄まじいリンチを受けたため、後遺症が残った。

一九四五年三月一三日の大阪大空襲を生き延びた二人は、工場が空襲によって稼働できなくなったため、一九四五年六月に朝鮮半島北部の清津（チョンジン）工場へ転籍し、敗戦を迎えた。敗戦直前の八月九日から始まったソ連軍の侵攻も会社からは知らされず、清津から命からがらソウルへ逃げのびた。戦後の混乱はあったが、その後会社から彼らには一切連絡がなかった。

彼らの要求は受け取って当たり前の未払賃金の支払いだった。そこには、申千洙さんがあまりの苦しさに逃げ出した時に受けたリンチの痛みや呂運澤さんの「当時のお金で牛六頭が買えた。あのお金が貰えていれば私の人生は変わっていた」という思いが詰まっていた。

金圭洙（キムギュス）さんは日本製鉄の八幡製鉄所に強制動員された。一九二八年生まれであり、一九四三年に強制動員された時には満一五才の少年だった。八幡製鉄所で信号所の管理の業務に従事したが、同僚に誘われて逃走を図った。しかし、二人とも捕まって拷問を受け、隣で同僚が拷問を受ける悲鳴を聞いた。同僚の消息は以後、不明のままという。帰国船が途中、台風で遭難したときには体を帆柱にロープで括り付けて命拾いをした。ようやく釜山までたどり着いた。

李春植さんは釜石製鉄所に強制動員された。一時帰国して徴兵検査を受け、軍属として神戸で捕虜監視業務に従事した。神戸大空襲にも遭遇した。日本の敗戦で釜石製鉄所まで行き、未払賃金の支給を求めたがかなわず、やむなく帰国したという。

彼らの証言は訴状や裁判での尋問調書や聞き取り、集会等での発言に残されている。戦後長く心の傷（トラウマ）として刻まれた彼らの様々な強制労働の記憶を、私たちは忘れてはならない。

1　呂運澤・日鉄大阪

呂運澤さんは、供託名簿には宮本雲澤という名前で記されている。一九四三年九月一〇日に日鉄大阪工場に雇用され、一九四五年六月一一日に「清津転籍」とされている。「給料」五〇円五二銭、「預り金」四四四五円の供託が確認できる。

二〇一二年の韓国大法院での差し戻し判決により、翌年ソウル高等法院は一人当たり一億ウォンの損害賠償を命じる判決を出した。しかし、呂さんはその年の一二月に亡くなった。

呂さんは、工場で操作板に触れて感電し気を失った。その時、水を浴びせられ意識を取り戻したが、病院に連れて行かれることもなく放置された。徴用を命じられた時、「君たちは徴用された」、「お前たちの体はもはやお前たちのものではなく、自由はない」と言われ、募集されて来た朝鮮人労働者全員が徴用されたという。

呂さんは朝鮮人徴用工への処遇、大正警察による監視の状況、賃金の未払いについて、裁判で次のように証言した。（太字は質問内容）

空腹をしのごうとして、ひどい目に遭われた訓練生の方もおられたんですか。

はい。腹が減っていて、食堂でご飯を盗んで食べていて、殴られたことがあります。私がそういうのではありません。

そういう人がいたということですね。

はい、そうです。その人がいました。

寮の中で、朝鮮人訓練工の方がたに、暴行、暴力がふるわれるということを、見聞きしたことはありましたか。

はい、それはありました。

どんなことを見聞きされたんでしょうか。

団体生活を破ることとか、ちょっとした目につくような、目についたような、目に反するような、そういうことをすると、連れていかれて、玄関の前で殴られました。

どんなように殴られてるとか、暴力をふるわれてるとかいうような状態だったですか。

そのとき、精神棒というような、これぐらいの棒がありました。それで、気合いをやりました。伏せる状態にしておいて殴りました。

殴っていたのはだれですか。

その寮で、そういう人は寮で舎監としているか、あるいは責任者でおる人でした。

日本人ですね。

はい、もちろんそうです。

日鐵の社員ですね。

はい、そうです。

日鐵の寮にいるときに、大正警察の巡査ですね、巡査がやって来て、皆さん方に警告をするというようなことがありましたか。

はい、ありました。

どういうことを、巡査はあなた方に言われたんでしょうか。

朝鮮人の刑事一人と、それから、巡査部長が来て、自分たちは一生懸命仕事をして、それで、もし、逃げたとしても二時間で捕まえる。君たちの本籍なんかは、朝鮮よりも大正警察のほうがよく知ってると、日鐵の会社よりも大正警察のほうがよく知ってるから、捕まるので、一生懸命仕事をしろというようなことを言いました。

警察官が来て、そのように言ったのは、一度だけですか。

違います。一箇月に二回、あるいは一回、一年間続けてきました。

大正警察のその巡査が、そのようにみなさんに警告されることについて、あなたはどういうふうに感じていましたか。

もちろん、心の中では大変腹立たしいんですけども、どうすることもありませんでした。で、彼らが向こうに行けと言ったら、向こうに行って、こっちにこい言うたら、こっちに来るし、死ねと言えば、死ぬしかないような、そういう状況でしたので。

日鐵での賃金のことについてお聞きします。先ほど証言いただいたように、平壌では、賃金が幾らになるかという説明はなかったんですね。

賃金に対しては説明がありませんでした。日本人と同一の待遇をするという話がありましたけども、具体的な賃金の額というような話はありませんでした。

日鐵の大阪工場に来てから、賃金はあなたに支払われましたか。

一切そのようなことはありませんでした。

賃金はどのようになっていたようでしたか。

私たちは、具体的に言いますと、賃金に対するそのような、お金に対する、お金をもらうのに愛着というのは、そんなになかったんですけど、とにかく、二年間という期を早く終えようという気がありました。ところが、壁に貼ってあるのがあって、だれは幾ら、だれは幾らというのをグラフみたいにしてあって、書いてあったのがありました。

今、おっしゃられるグラフですね、それは訓練工の人の名前、訓練工の方ごとに、こう、棒グラフが作られるようになってたんですね。

はい、そうです。

その棒グラフは、何を表しているものだったんですか。

赤い線。青い線、白い色、三種類の色で上がっていったように思います。赤い色が一番上だと思います。青がその次で、白い色は一番下でした。五〇〇円というのが一番上で、四〇〇円というのがその下、青なんですけれども、一番下が白。

それは賃金が強制的に貯金されている、その額を表しているグラフですね。

はい、そうです。

あなたの手元に現金が渡されるということは全くなかったんですか。

はい、ちょっとありました。それはたばこを買えと、言ってみれば、二円か三円ぐらいの、そういうお金を受けて、たばこを買うお金としてくれたことがあります。

そのような小遣い銭はね、呂さんの場合はもらったことかあるようですけれども、ほかの徴用工の方全員がもらえたというわけではなかったのですか。

人のことに対して、その当時、知ろうとはしませんでしたので、確実なはっきりしたことは分かりません。

その小遣い銭以外には、すべて賃金は貯金させられているということだったんですね。

はい、そうです。

日鐵の側は、なぜそのように貯金をするのか、そういう点についての説明をしたことがありましたか。

はい、申し上げます。君たちは独身者で、一人暮らししてるので、給料そのままやってしまえば、全部使って、不良者になるのでやれないと。ためてまとめたお金をやると、そういうふうに言われました。（二〇〇〇年五月九日大阪地裁証言）

2　申千洙・日鉄大阪

申千洙さんは、供託名簿には平山千洙という名前で記されている。一九四三年九月一〇日に日鉄大阪工場に雇用され、一九四五年六月一四日に「清津転籍」とされる。「給料」五七円四四銭、「預り金」四一〇円の供託が確認できる。

申さんは「会社のために尽くした元社員である私たちになぜ会社はこんなひどい仕打ちができるのか」と語った。未払賃金の請求は当然の権利であり、物乞いをしに来たのではないと言い、会社の不誠実な態度に怒りを隠さなかった。彼も大法院判決を聞くことなく二〇一四年一〇月に亡くなった。

申さんは工場での労働について次のように証言した。

「溶鉱炉に石炭を入れて鉄の棒で石炭を分散させる作業に従事したが、非常に熱く大変な重労働だった。もっと辛かったのは空気を送る鉄管に満ちている粉塵を掃除する作業。管の高さは一メートル五〇センチ位、体を曲げたまま百メートル以上もある管を一日の間に掃除する。管の熱が冷めない状態で作業に入るため、息が詰まるほどの熱気で大量の汗を流し、食事時間を除き、ずっと管の中に入って粉塵を吸い込むので、つばを吐けば真っ黒。作業の苦しさは言葉では表現することができない」。

そして、徴用を告げられた時と徴兵検査を受けて徴兵されると聞いて徴兵されれば死ぬかも知れないと思い逃げようとした時のことを、裁判で詳しく証言した。

次に徴用を受けたときのことを聞きます。一九四四年になって徴用を受けことを告げられたのですか。

はい、聞きました。

誰からそのようにして告げられたのですか。

舎監からも聞きましたし、多分、壁に何か貼ってあったと思います。

個別に徴用を知らせる紙を受け取ったことがありますか。

受け取ったことはありません。

あなたは、そのように徴用を受けたことを聞いて、これまでの生活がどういうふうに変わると思いましたか。

私は、その当時は幼くて社会経験もなかったんですけれども、二年という期間の契約で来たんですが、徴用を受けるとどうなるのかということで大変心配をしました。

徴用を受けた年、一九四四年の秋ごろに徴兵検査を受けたんですか。

はい。

朝鮮から来たほかの同僚も同じように徴兵検査を受けたんですか。

該当する人たちはすべて受けました。

その結果、あなたは海軍航空整備兵に徴兵されると言われたんですね。

身体検査を受けた後に、そのように決定されました。

徴兵されると言われて、どう思いましたか。

その当時、日本は戦争に負けてばかりいましたので、もし戦争に行けば間違いなく生きて帰ることはできないと思いました。

それで、あなたとしてはどういうふうにしたいと思ったんですか。

その当時、徴用を受けたし、お腹も減っていたし、職場も自分が気に入らなかったので、逃げようと思いました。

その逃げようという考えを、同じ寮にいた友人に話したことがありますか。

小さいときから同じように暮らしていて友達だった人がおりましたので、ピョンヤンから日本に一緒に来た仲のいい友達がいましたので、そのような友達ならば秘密が漏れないだろうということで、その友達に話をしました。

何と言って話しましたか。

自分と同じ故郷から大阪に来て小さい工場を経営している人がいましたので、宿舎の中で戸を閉めてそういう話をしたのに、どのようにしてその秘密が漏れたのか分かりませんけれども、発覚してしまいました。

その話は、いつごろ逃げようとか具体的な話でしたか。

いつ逃げようとかいうような日にちはしゃべりませんでした。ただ逃げようという話でした。

それで、その話をしたことがどこからか漏れたわけですね。

はい。漏れて、それが舎監の耳に入ることになりました。

それでは、次に、そのことで体罰を受けたことを聞きます。友人にその話をした次の日、寮にいたところを舎監に呼び出されたんですか。

宿舎の人みんなを寮の前に集めて、立たせていました。

そのみんなの前で、あなたは舎監からどのように言われたのですか。

何回もお前たちに注意し、忠告したのに、お前はなぜ逃げようとしたのかと言われました。

それに対し、あなたはどのように答えましたか。

日本へ来たけれども、途中で徴用にひっかかって、徴用というのは期間がないということで、また、自分は腹も減っているので、逃げようと考えたということを言いました。

それを聞いて、舎監はどうしましたか。

そして、舎監に、だれから聞いたのかと聞いたのですけれども、だれから聞いたということは言わないで、みんなの前に立たせておいて、その舎監が、中に入って木を持ってきて、二〇回くらい殴られました。

木というのは、どのくらいの大きさのどのような木ですか。

丸くて、長さは一メートル二、三〇になると思います。それで、私をうつ伏せにさせておいて、お尻を叩きました。

その木の太さはどれくらいでしたか。

これくらいです。

親指と人差し指で作る丸よりも大きい木ですか。

六、七センチくらいの太さです。

その木の棒で殴られたんですか。

はい。

どのような姿勢を取らされましたか。

腕立てみたいに伏せさせられた状態でお尻を叩かれたんですけれども、ときどきそれがお尻に当たらないで、間違って腰に当たることかあって、そのときがもっとも痛かったです。

殴られた回数はどれくらいですか。

二〇回くらいです。

どうして二〇回とはっきりと覚えているんですか。

殴られたときに、数えろと言われました。

殴られた後、舎監の部屋へ連れて行かれたのですか。

みんなの前で、お前たちも逃げればこのように殴られるというふうに注意をした後、解散して、私は舎監の部屋に連れて行かれました。

舎監の部屋でどのような姿勢を取らされましたか。

ひざまずかされて、手を挙げさせられていました。

先ほどの大阪へ来たときの訓練のときの体罰の姿勢と同じですか。

そうです。

その姿勢が崩れると、舎監からどのようにされましたか。

頬を殴られました。

どのくらいの時間その姿勢を取らされましたか。

一時間くらい取らされていました。

その後で、舎監から何か言われましたか。

間違ったことをした、過ちを犯したと言って、始末書のようなものを書かされました。

それで、舎監の部屋から自分の部屋までは、一人で帰れましたか。

友達の部屋から友達が来て、わきを抱えてくれて、それで部屋に入って行きました。

自分では歩けない状態だったんですか。

はい。そのときには歩けませんでした。

このときに殴られた痛みを言葉で表すと、どのような痛みですか。

お尻を殴られたときには、そのときは痛いんですけれども、後からはぼおっとしている感じで、肉が裂けて血がにじんだりして、刺すようなチクチクした痛さがありました。

そのような痛さをそれまでに味わったことがありましたか。

初めてでした。

その後は、どうですか。

その後も、ありません。（二〇〇〇年三月七日大阪地裁証言）

3　金圭洙・日鉄八幡

供託名簿には金山圭洙という名前で記載されている。一九四二年一月に八幡製鉄所に雇用されて、一九四五年九月三日に整理解雇され、「賃金」名目で四〇円、退職手当金一〇円二〇銭の供託が確認される。彼は勤務した全期間中、一銭の給料も受けた事実がないと証言している。

八幡製鉄所の雇用年月日、供託金額についての記録は杜撰であると言わざるを得ない。解放後、社会的な身分もあり、家族はもちろん周辺の知人たちにもこのことを話さなかったが、二〇〇一年の被害者調査のときにはじめて名乗り出た。

日本政府・企業の理不尽な態度に対し、幼い年で賃金を受け取ることができないまま労働させられたことに対する謝罪と賠償を求め、二〇〇五年の韓国の裁判に加わった。大法院判決直前の二〇一八年六月に他界したが、自らの体験を綴った詳細な記録「日本製鉄徴用被害者体験手記」（二〇〇二年）を残した。以下、この手記を掲載する。（掲載にあたり、旧字体を改め、一部語句を補った。）

徴用された経緯

私は貧しい農村で生まれ、群山で日本人が経営する印刷所の植字工として働きながら、夜間に群山商業補習学校に在学中、一九四三年四月（日時不詳）、群山市庁より徴用令状が発付された。私は徴用がなんで、なにをしにどこへいくのかも知らずに「何月何日何時まで群山市庁に集結しろ」との事であった。

また「また万一、本令状を受けて応じなければ厳重な処罰を受ける」とのことだった。一言の弁明も抗議もせずに指定された日時に群山市庁に集結した。約三百余名の徴用者達は不安と焦燥な心で、市庁の職員達と日本の巡査達の森厳な監視を受けながら、群山駅で特別列車（徴用者だけ乗せた）に乗って釜山へいく途中、何箇所かの駅で徴用された者達と一緒になって、翌日の早朝、釜山港の埠頭へ到着した。全国各地から徴用された数千名の若者達と一緒に、夜中になって釜山港で名も知らない連絡船に乗せられ出航、翌日の早朝、北九州の博多か戸畑の港に到着した。

強制労働のための訓練

私達は港の現場で八幡製鉄所から出てきた日本人に引き継げられ、何に乗って行ったのか、記憶がないが「妙見」という訓錬所へ収容された。そこは逃げるのを防止するために厳重な監視の中で、二週間、毎日毎日軍隊其のものの訓練をうけた。今も忘れられない事は、野外訓練中あまりにもひもじいし、また肉が食べたくて、各自がひそかに蔵しておった非常金をあつめて、近所の住民達が秘かに持ってきた真赤な馬の肉を買って、練兵場に坐り囲んで生涯初めて食べた。六〇年が過ぎた今も其の時のことを考えると吐き気がする。

それればかりではない、入所する日「シラミ」を捕るということで全員のきものを真っ裸にぬがせて、内務班で待機せられたこととか、全羅道出身の二人があまりのきびしい訓練をたえることができないで、夜陰を利用して収容所の塀を越えたが、捕えられて三日間、酷毒な拷問を受けながら、「助けてくれーー」と悲鳴する叫び声は今も耳にうなっている。米軍が本土に上陸する場合には彼等を撃退させる訓練をするために、各自に竹槍を持たせ最後の白兵戦訓練をさせられ、昼夜米軍機の空襲に対備するため防空壕に待避する要領と火災の時、鎮火の為にバケツ運搬訓練等を毎週実施した。

製鉄所での強制労働の実態

所定の訓練を終った私達は各自の能力と素質等を勘案し、各自が務める場所に配置されたが、私は日本語が比較的上手にできると認められ、製鉄所構内の物資を運搬する鉄路が敷かれていて、その重要な位置に設置されている北信号所に配置された。そして「今村」という四〇代の日本の方と一組になり、列車からの信号によってレールをあちらこちらに切り換え、列車が円滑に運行できるように仕事をする所である。それをもっと具体的に言うと、信号所に連繋している七〇余個の「ダルマポイント」がよく作動でさるように、ポイントの掃除と油挿し、また北信号所管内の鉄路点検の為の巡察等をおこなうのである。

しかしながら其の仕事は一日にも何回も反復するので、ずいぶんなれてはいるが、ポイント作動に絶対に異状がないように不断整備するのが、私の最大の任務であった。

仕事は比較的難事ではなく、単純であったが、真夏や厳冬に防寒装具がないので、手足をもみながら仕事をしなければならないし、真夏には鉄路の幅射熱に木蔭もない摂氏四〇度に近い暴暑の中で、どろ汗をながしながら働いたことと、戦時下の食糧難で豆と麦をまぜて炊いたご飯を食べなければならなかったが、食欲が旺盛な十代としては、其の量が絶対不足でしょっちゅう飢えていなければならなかった。そうだからといって、お金は持っていても戦時下の物資難で買い食いなんて考えさえできなければ 精神的にもそんな余裕は全くなかった。

朝夕の食事は寮で食べるが、昼飯は弁当をつくってくれた。しかし其の量が「象のビスケット」にすぎないので、長い夏間の午後にはひもじくて気力が尽き果てて、生水で飢えた腸を慰めるが常例であった。それでもいっしょに勤務している日本の方が、自分の弁当を余分にもってきてくれて大いにたすけになった。それればかりではない、そこで働いているうちには、休日というのは一年三六五日お正月ただ一度だけで、寮に帰ってからも逃亡者がでないように外出が厳しく禁じられた。それはいうがとおり、帝国海軍で通じたという月、月、火、水、木、金、金というのを此処で習った。従って寮に帰ってからも外出が一切禁じられたので、日本語の本、特に歴史物などを存分に読む事が出来て、後日韓国に帰って日本語の講師をするのに大いに為になった。

此処で思い出した、一言いうと、私等北信号所の近所には鉄を溶かす溶鉱炉が有ったのに、其処には生涯初めて見る鼻が大きい西洋人が上半身をまっぱだかにぬいでシャベルで石炭を溶鉱炉になげ入れる作業現場を見ることができた。一緒に勤務する日本の方の話では、彼等は「米軍の捕虜達」だと聞いたが、ひとつ特異なことはかれらの作業する動態をよく察して見ると、この作業をしていながらも正午をしらせるサイレンが鳴れば、運び上げた石炭を置いてしまうんだときいた。それはこのような行為は敵国の日本に対する一種の抵抗であり、捕虜たちの権利だときいたが、こんなことはうまれてはじめてきいた話だった。

故郷がなつかしくて逃げたが失敗して捕わる

こちらに配置されて三箇月ぐらいしたある日、秋の夜、群山で一緒に来た同期生の林炳一君がねむらないで私の部屋にやって来た。そして私といっしょに逃げようと勧めるのである。私はそんなことがあまりにもこわく、またおそろしくて断ったが、友達は二、三日ごとに私の部屋にやってきてせがんだ。そして「おい金君！ここだけ出抜けば、すぐとなりにある戸畑で密船に乗り、二日だけたったら釜山に着けるんだ」といいながら余りにも懇切でしつこいので、情にもろい私はやむえなく同意してしまった。実は私も母親がなつかしくてたまらないので同意したのだ。昭和一八年四月、いつの日か暁に私達はただ二人で、なんの持物も持たずに寄宿舎を出抜けた。(寄宿舎は夜間勤務交代者達の出入の為に門はしょっちゅうあけている)。

私は林君が先立って行く道をどこかもしらずにおそるおそる追っていった。

寄宿舎を抜け出しておよそ一時間歩いた時、暗の中からだれかが私達の前を妨げた。懐中電灯の強烈な明りが私達の顔を照らした、とたん「はやし！」という聞きなれた舎監のどなり声が耳元を打った。それから私達の両方のホッペタをひどくなぐりうった。両眼から閃光がひかった。「このやろうめ！どこへ逃げるんだ」と大喝する。

続いて舎監ともう一人の職員が我等のあたまをなぐったり下半身を蹴ったりした。しかし我等は何等の抵抗もしないで存分になぐられた。

そして彼等のさしだした手錠に二人の両手がかけられた。寄宿舎にもどった私達は別別に分離監禁された。

しばらくあと、どこからかは知らないが、林君の悲鳴が微に聞こえてくる。そしてときには棍棒なんかでたたき打つ音も聞こえる。「お母さん！たすけてくれ…」との悲鳴も聞こえる。私はそのときごと、両手で耳を防ぎ込んだ。

しかしながらちょっと不審なことがある、逃げたのは二人なのにどうして林君だけをあんなに拷問するんだよ！考えがここまでに到るとなお不安なのだ。後に知ったことだが、林君だけをしぼるのは、何日も前から林君の動態があやしかったので、彼を集中的に監視しておったとのことだ。それで我等が捕らえる時にも「はやし」の名前を呼んだとのことで、まさか私が其れに同行したとは全く思い切れなかったとの話である。其の夜、林君の悲鳴でひと眠りもせずに戦戦兢兢で過ごした。それなのにも無心な眠気は知らず知らずに厳襲して眠ってしまった。「おい金山君！」と呼ぶ声でびっくりして身をふるわせた。目を開けて見ると舎監が私の前に立っているんじゃないか。そして彼は私の襟首をつかみ引き立たせて、何処かの部屋に引き立たせていった。

床にひざまずいていると、彼は持っている棍棒で私の両肩を殴りはじめた。そして牛製の長靴の足で私の胸を蹴飛ばした。それから今度は後に転がっているのを棍棒で無差別に殴りかけた。そして、「なぜ逃げようとしたのか…」、「おまえは日本語も出来るおとなしいやつだと思ったのになぜ逃げる考えをしたんだ」と追窮しながら、やたらになぐりこんだ。そうしながらまる三日間もたべさせずに飢えさせた。私は卑怯ながら余りにムチがこわくて、脱出した経緯をありのまま事実通り実吐してしまった。正直にいえば、実吐すれば同情してくれてなぐらないだろうと思ったのだ。しかしそれは正反対、今度は「なぜにげるのを知っていながら、あらかじめに告げなかったのだ」といって、逆に存分になぐられた。

翌日夜が明けるまでおよそ三、四時間位ひどい拷問を受けた。朝飯を持って来た顔知りの炊事婦に林君の動静を問いてみた。彼女は、「此の宿舎には居らない」との答えだ。

林君に対する消息も知らず、私に対する調査もしないで、傷口が治癒できるまで仕事にも出さず、二週間も軟禁生活をしながら、毎日精神教育を受けた。そういう或日、私は同志を裏切ったような自責感で余りにもくるしくて、訓育のとき舎監に林君の消息を問いてみた。ところが舎監は莞爾と笑いながら、「傷が深くて病院に入院させたんだが、三日後ごろには中原寮へ行くだろう」と他人の事のようにいいながら「おまえは以後にもそんなひとの話には絶対に従ってはいけないよ！」と注意をくれた。

その後、入所後六箇月が過ぎたので、はじめての一泊二日の外出が許された。私はさきに林君のたよりと行方を知るが為に中原寮を訪れた。しかし林君は中原寮へ移って来てまもなくにげたとの話を聞いた。かえりみちに私は天涯の孤児にでもなったような気がして、他人を意識せず恥をも知らずに、限りなくこぼれる涙を手払きしながら、寄宿舎に帰ってしまった。そして終戦になり韓国にもどってから今までも、「林君」のたよりには接していない。

日本の敗戦で帰国

其の後製鉄所で働いている間に苦しく、また故郷が恋しいときには、我が父母兄弟がすんでいる西の方の空を仰ぎながら、涙ぐんでくらしたことが数多かったし、米軍のＢ２９の爆撃が続いているあいだにも、月日は流れ水のごとく流れ、一九四五年八月一五日、日皇の降伏放送が電波に流れたのにも、私達は何等の世情に暗くて、日本が絶対勝利するのを信じながら、敗戦した日にも八月の炎天の下で黙黙と熱心に「ポイント」の掃除をしながら働いた。ところが午後四時頃、我が北信号所の前を全速力で走っていく列車が、線路変更の信号でもない汽笛を継続鳴らしながら、何だかわからない高声を叫び、そして首に巻いた手拭を振り回しながら走っていく。私と日本人勤務者は、もしか私達が信号操作でもしくじって、どの列車が脱線でもして私達に緊急連絡を取るのではないかと、心配になって互いに顔を見合わせながら、私はおそるおそる「今村さん！何かあったんでしょうか？」と聞いてみた。彼は「そおだな！何にも無かったんじゃないか？」と逆に私に聞くんだ。後に知った事だが其の列車の機関士は、天皇陛下が今日の正午にラジオの放送を通じて降伏勅書を発表して、日本が敗戦した事を知らせたのだ。

午後おそく交代をして街に出てみると、ひと達がふだんと違って奔走に飛び走っている。爆撃をうけた建物は焼け残った骨だけみじめに残っており、火に焼けた建物の残骸などがあちらこちらに散らばっている。また煙りのなかでは死体の焼けたくさいにおいが鼻を刺戟する。

一方、いつまたＢ２９の爆撃があるかも知れないので、怖じけてあわただしく走っている市民たちと一緒に、私は寄宿舎へもどりかえった。寄宿舎のなかは沈痛な雰囲気で喜悲が交叉している。舎監等日本人の従事者達は眼ぶちが赤くふくらんでいた。

仕事を早く終えて帰った韓国人徴用者達は、するりと日本人達の様子をさぐりながら、おそるおそる各々の部屋に逃げ込んでしまう。其の当時私達若い人達には祖国解放が何やら、自主独立が何やら、全く知らない頃なので、お互いに日本人達の様子だけをさぐっている具合であった。其のうち何日か経ったある夜、舎監は収容者全員を食堂に集合させてから、「おそれおおくも天皇陛下は日本の臣民達を愛して、数多い犠牲者を出さないが為に降伏勅語を賜ったのだ」と涙を流しながら「我等国民達は穏健に今後よそうされる事態を見守るのがかんじんである。また半島人徴用者達は会社(八幡製鉄所)からの指示が有る時まで、工場へ出ないで静かに待機しておるんだ。また絶対に軽挙妄動をしてはならない」と厳重に警告しながら、自粛する事を頼んだ。

それから二、三日の沈黙の時間が流れたある日、舎監は我等徴用者達を自分の室に集まらせて、確かな憶えはないが一律的に一人当り日本のお金二〇〇円(達磨さんが福の棒を持っている絵が入っている一〇〇円札紙幣二枚)ずつを渡しながら、「諸君!ほんとうにご苦労だった。今からは各自が帰る途を探して無事帰国しなさい」と涙ぐんで解散を命じた。

しかし賃金問題とか退職金又は一方的に引き差った貯蓄金等に対しては、舎監も徴用者も誰一人一切の説明も質問もなく、問い詰めるとか抗議をする者はもっとも無く、黙黙と解散して、各自の部屋にかえった。そして各々帰国する準備をした。然し私の場合は給料とか退職金などをもらった記憶は全くなく、前述したように寄宿舎で舎監から受け取った二〇〇円をもらった記憶しかない。日本の結ぶ会と韓国の太平洋戦争被害者補償推進協議会がもっている資料に拠れば、本人名義、金山圭洙の四四箇月働いた賃金五〇・二円が新日鉄会社に依って供託されている記録がある。

大部分の徴用者達は当日寄宿舎を出る人もあったし、寄宿舎で、帰る時まで宿、食の便宜を図ってくれるとの舎監の約束があったため、私はいっしょにいた李鉉二(藤原鉉二、全北扶安出身)君と寄宿舎に留まりながら、帰国船便などをみきわめる一方、逃亡した林炳一君が中原へ帰っているかもしれないので、それもしらべ兼ねて、そちらにいってみたが、やはり彼はもどって来ていなかった。私はもう林君の事はみんなあきらめて、李君といっしょに帰国することを決心し、翌日から帰国便を探しに出た。

其の後私達は、下関で八月下旬頃、出発日時、気候問題と船賃等を決め、釜山へいく船便(木船)を見付け、約七〇余名が一緒に乗って午前一〇時頃下関を出港した。

どのぐらいを走ったかは知らないが、午後の夕暮になってにわかに風が強く吹き、黒雲が空を覆い始めた。そして船が前に進まないのだ。人達が「エンジンが消えた…」と叫ぶんだ。そして船が前後左右に搖動し始めた。まもなく台風に急変し甲板に乗っている人達があちらこちらと転がりながら吐き出しはじめた。一瞬、船上は完全に阿鼻叫喚になった。こうなると各自は死にものぐるいになって各自が何年間血と汗を流しながら苦労してもうけ、故郷に持って帰ろうとした準備したお膳物、包等はみんな何処へか転がってしまった。私は昔の諺が思い出された。「虎にかまれて行っても精神だけしっかりしていれば生きるんだ」との言葉を憶え出して「今までもその驚くべきB２９の爆撃の中でも死なないで生き残ったのに、恋しい父母兄弟とも逢えず、異郷万里、海の中でこのまま水中孤魂になるものか」という考えが浮かび、荷物をとりまとめるのはそっちのけで、太いロープを探して私の体を帆柱にくぐり付けた。万一の場合、船が破船しても、絶対に帆柱にくくられているので一応安心である。あとで知ったことに依ると、そこがその有名な玄界灘なのだった。漆黒のような夜中の茫茫大海に、私たちが乗った船はそれこそ一葉片舟である。数十尺にも及び見える荒波は空にあがったり、急転直下海底に沈むように限りなくくだり、さがったりした。この様に夜通し繰り返す風浪と闘いながらも、とうに忘れたはずの、私が信ずる神様に祈り始めた。「神よ！此の罪人を赦して下さい、願わくは昔、イエス様が風浪を静ませたように、荒波を静ませて下さいませ！あつかましいでは御座居ますが、自分はどんな事が有っても母上の膝下に帰らないで死なれません。なにとぞ救って下さいませ。」と泣き叫んだ。このごとく荒波と必死に戦ううちに、いつの間にか夜明け頃その恐ろしかった風浪が静まり、私たちが乗った船は波に流れ流れて、対馬島の海岸に押し寄せられた。

船に乗っていた人のなかで、はたして何人位が遭難されたかも知らずに、ただ今生きて居るのが生存者なのだ。それこそ私達は九死一生して対馬島に着いたのである。みんなは先を争い、船から飛び降りて、一斉に意味も分からない万歳をさけびながら、海辺の砂場に身をなげ、転んでしまい意識を失ってしまった。それから何時間がたったのかはしらないが、暑い陽射しに目を覚めてみると正午がずっと過ぎていた。それで各自は散り散りに分れて、飢えた腹をおぎなったり、宿所等をきめたりしながら休息を取った。それから島民たちの親切な助けで洗濯をするなど風浪が完全に静まるまで、船も手入れしながら、約五日間そこで過ごした。

懐かしい故郷に抱かれる

我等一行は一九四五年九月三日午前一〇時頃、夢にしのぶ故郷の地釜山港が見える五六島を過ぎた。はるかに見える釜山港では帰国船が到着する時折、いつの間に編成されたかは知らないが、興に乗じて遊ぶはやしものが帰国者達を歓迎してくれる。それに埠頭には多くの人波が押し寄せて、手に手に太極旗（国旗）をもって ちぎれるほど振りながら、我等を歓迎してくれた。埠頭に下りた私達は生面不知の人達と抱きあって感激の涙を流しながら、「大韓独立万歳…」「我国の解放万歳…」を叫んだ。通りに出てみると道端には種種な食べ物を売っている人達がずらりと並び、坐っている。見える物はみんなが食べたい物ばかりである。そして知らずの中に視線は餅をのせたたらいに集中する。たっぷりと盛り上げた餅が誘惑する。いままで飢餓に揉まれた帰国者達の目が大きく見張った。そしていきなり各自は餅板前に坐り並んで餅を買って食べ始めた。人心が豊かで或る老婆は値段に拘わらず、帰国者達には「お金がなければただでおあがりなさい」といって民族解放の歓喜で同胞愛を遺憾なく発揮している。

私は持ち金が足らないのでいくつかの餅を食べて釜山駅を尋ねた。列車の運行事情を調べてみると大田方面にいく列車が一日二回運行しているが、無料で運行するため列車に乗れるのは本当にむずかしい事だった。特に其の列車というのが旅客列車であり、貨物列車であり、超満員なので、その列車を乗るというのは空で星を取るより難しい事である。特に客車であろうと貨物車であろうとあふれる人波で、列車の屋根にしがみ付いて疾走するにも、誰一人制止する者が無いほどだった。

私も例外ではなかった。当日も乗れず駅舎で露宿した。三日目の晩にどうにか貨物列車の一隅を得ることができた。それも蒸気機関車の都合で、大田駅で又一日をすごした。歩こうかとも考えたが二〇〇余里（日本の二〇里）を体が極度に衰弱しているので、到底歩くことが出来ず、駅の周辺をうろついているうちに、天佑神助して国民学校の同期生に逢い、彼のお陰で列単に乗ることが出来、釜山をたってまる三日目、下関を立ってからは二〇日目に夢にもあこがれた金堤まで帰還し、母の懐に抱かれた。

文をまとめて

故郷に帰った私は、月余間の療養をしているうちにも、過ぎ去ったかずかずの思い出で、悪夢を見る様に回想しながら暮らした。

群山にもどって、韓国人技術者が引き受け経営している元の職場へ復帰し、臨時雇員として働くようになり、学校も夜間ではあるが、復学して三年課程を卒業した。其の後一身上の事情で職場を辞め、郷里の金堤に帰り、月村国民学校で臨時教師に就職し、後進達を教えながら、当時我国には徴兵制度が実施されていなかったので、有事時国防力の教化策としてつくられた所為「護国軍」に入り、国軍将校としての軍事教育を受けて任官したが、一九五〇年同族相争の六・二五事変が勃し、私は共産軍と戦う為にやむえなく軍服を脱いで戦闘警察に投身、残匪掃討作戦中銃傷を受けた。

警察幹部在任中、国立警察専門学校と日本警察大学校の刑事専攻課程を修了し、総警（日本警察の警視正）になりソウル等地の警察署長を歴任する等、四〇年間を奉仕して、一九八八年停年退任した。其の後、後進養成と社会奉仕の為、中・高等学校又は宗教団体等で生活、日本語を教えながら、二〇〇二年韓日ワールドカップ蹴球競技を契機に、我が国を訪れる外国人達のために日本語の通訳奉仕（ボランティア）をしている。

終りに、私は日帝下の強制徴用で日本に動員され、三年余間、八幡製鉄所(現新日本製鉄)で強制労働に従事せられたことはあるが、これは弱小国家の国民として堪耐しなければならない恥辱なので、死ぬ時まで私だけの秘密として墓まで持ち帰る心算であったが、最近、韓日間良識の有る人士達と推進されている「太平洋戦争被害補償推進協議会」の斡旋に依り、事が進行しているのは、晩時之歎ではあるが、最も幸いなことだと思っている。そういうことで私は日本帝国に対し怨むとか敵愾心などでこの文を書いているのではない。ただ現代の日本の国民達に過去日本帝国主義者達に依って数多い人達がいろいろな形態で犠牲された史実を認識させるが為である。それで私は我が国の人、人に対しても「日本に対して恨みはもつな、然し忘れてはならない」と訴えているのだ。また、私のふだんの考えを明らかにして、其の間私が経験し、またどう生きてきたかの駅程を、私をいたわってくれる人達と妻、子、孫たちに言い残してやりたいのだ。

一言付け加えることは、何百年ぶりに韓日両国が共同主催で開催される世界的大祝祭である「ワールドカップ」蹴球競技を契機に、若い彼ら徴用者達が命を懸けて日本国に強制動員され、血と汗を流して働いた高貴な代償(供託された賃金)に対しては、彼等が死ぬ前に鄭重且つ真率なおわびをして、一日でも速く円満な解決をつげて、其の人達の犠牲を多少でも慰めてやるのが道理であり、一歩を進めれば、両国間の和解増進に大いに為になるだろうと思うのである。　(以上、手記による。)

4　李春植・日鉄釜石

釜石製鉄所の供託名簿には小山春植という名前で掲載され、預貯金二三・八〇円の供託を確認できる。これは三年余りの勤務に比して、あまりにも少ない金額だ。名簿には一九四五年一二月二七日に事故で帰国したと記録されているが、実際は徴兵されての帰国である。

大法院判決後のインタビューで「私を入れて原告は四人なのに一人で判決を受けたことがとても辛くて悲しい。一緒に判決を聞くことができなかったことが寂しくてならない」と語った。また韓国の「ホワイト国」除外問題が起こった時に「私のために（韓国の）他の人が被害を受けるようで（心に）負担を感じる」と代理人弁護士に話した。

彼は当時の労働と帰国するまで体験をつぎのように語っている。

「鉄が溶かされて出てくるとき、不純物に足がひっかかって倒れ、腹にひどい傷を負った。病院で腹を縫った後、三ヶ月ほど病院に入院した。作業の途中、日本人が高所から落ちて死亡する事件もあった。技術的な仕事は日本人たちが行い、朝鮮人はきつくて危ない仕事に従事した。現金で支給を受けたことはなく、労務課で管理されていたため、いくら貯金されたのかも知らなかった。私は長男だから、故郷に帰らなければならないと言ったが、月給は一切の支払ってもらうことができず、補給品を背負って下関に行き、連絡船に乗って帰った。若くして家族と別れて日本製鉄に行き、会社のために働き、徴兵されてからも危険な目に何度も遭いながら、日本で生活した。敗戦前後に日本製鉄も大きい打撃を受けて賃金を支払うことができなかったとしても、今となっては、正当な労働の対価を被害者たちに返さなければならない。」（二〇〇五年二月韓国裁判の訴状による）

5　会長と社長への手紙

原告は高齢のために来日する体力も衰えた。そこで二〇一二年二月、当時日本製鉄の会長であった三村明夫氏と社長の宗岡正二氏へ手紙を出した。

呂運澤

「若い時日本製鉄で仕事した経験は、それが苦しいものであれ楽しいものであれ、私の人生の一部であり、人生に大きな影響を及ぼしました。ですから、私はその時期、汗を流しながら一所懸命に仕事をした代価を必ず認めてほしいです。日本製鉄は法とか外交協定のような政治的な決定の後ろに隠れずに、堂々と前に出て、この問題について責任をとって下さい。」

申千洙

「私が日本製鉄と日本政府に要求しているのは、戦争中に血と汗で儲けた労働の代価を返してほしいということです。私は道義的な同情を受けたいわけではありません。当然受けとるべき労働の代価を要求しているのです。戦争が終わってすでに六五年になりました。もう九〇歳になるから、あとどれぐらい生きるかわかりません。真の韓日関係の発展のため、日本製鉄会社が何をすべきか、真剣に悩んで、被害者との対話に出るべき時だと考えます。」

李春植

「人をつれて行ってそんなに仕事をさせたら、それに相当する給料を出すことが当然です。その月給は、工場で仕事をしていた人々のものであり、日本政府や日本製鉄、特に韓国政府とは何の関係もない労働者たちのお金です。それをわかっているので、日本政府も月給を供託し、その記録を今まで保管しているのではないでしょうか。裁判で裁判所は私たちの主張を受け入れないでいます。ですが、この問題はとても常識的な、人のモラルに関する問題です。今年私の年齢が八九歳です。これから新年の正月を何度過ごせるかわからない年齢です。もっと遅れる前に、この問題が解決されることを願っております。」

しかし、原告らの悲痛な思いをしたためたこの手紙にも、会社は一切回答しなかった。原告との面会も拒否した。

このような会社に対し、原告に代わって被害者団体の代表が社長と会長の自宅を訪問し、直接訴えた。しかし三村会長は「この問題は、長い経過がある。裁判で解決するのが会社としての方針である。」と言って、被害者の声に耳を傾けようとしなかった。

6　三・一三大阪大空襲での死者

日鉄大阪工場の一九七名の供託名簿には柳村大根さん、福本承鶴さん二人の死亡記録が残されていた。呂運澤さんは、自らの体験の詳細な証言も残しているが、柳村大根さんが一九四五年三月一三日の大阪大空襲で亡くなった時の状況についても裁判で詳しく証言した。

その空襲のときに、柳大根さん、どうなったんでしょう。

はい、申し上げます、そのとき。私は仕事を終えて家に帰ってきたら、七時か八時ごろになっていました。昼間の勤務でしたので。幸いにも私の現場には空襲がありませんでした。それまでの焼夷弾が当たりませんでした。寮に来てから、柳村大根という人が、爆弾が足に当たって木津川病院に運ばれて行ったということを聞きました。それで、木律川病院に行ってみたら、電気がありませんでした。空襲受けて電気が切れてしまったので、電気もついていませんでした。ろうそくをともして、どこに当たったかというと、ひざのちょっと上に当たりました。まともに当たってたら死んでたかしれないんですけど、この石に当たって、下をチューブでくくり、上もチューブで、当たったところの上と下をチューブでくくって、木津川病院に行ったら、のこぎりでその足を切断してるところでした。そのとき、その柳村大根という人は、「死ぬ、死んでいく、死んでいく、お母さん、私を助けてくれ」と叫びながら言ってるのを見ると、余りにも、もう胸か苦しくて残念で、同僚たちと一緒に泣きました。

この裁判が始まってから、柳大根さんが長い間、無縁仏として扱われたということを、あなたは知りましたね。

はい。そうです。それをちょっと話せたらいいと思いますけども、そのことに関して話せたらいいと思いますけども。名簿を見たらね、その人がもちろん死亡ということになってて、その人の年金なんかも、退職金なんかもあったりして、それがどうなってるかということも分からないし、で、名簿を見たら、二六〇〇円というのが、柳村大根の前に記載されていました。名のもとに記載されていました。それはその日鐵で、私たちが二年間、もう、汗と血を流して働いて、自分たちの体をささげたんですけども、初めて日鐵のほうに行ったときには、よく来たなとか言って、そのお金を私たちに喜んで出してくれるもんだと思っていました、日鐵側で。くれると思ってたんだけど、それはおろか、私たちが仕事をしたこととか、したことはない、それで、自分たちも私たちも知らないというふうに日鐵側は出てきました。私たちは証拠を捜すためにね、恩加島周辺に行って、一緒に仕事をした人を捜したり、それで、私たちの裁判を助けてくださってる人たちに言うと、無縁仏として、その名簿の中に柳村大根という人が記載されてることを知りました。人間として、このようなことかあっていいですか。皆さん、考えてください。

柳大根さんの供託名簿

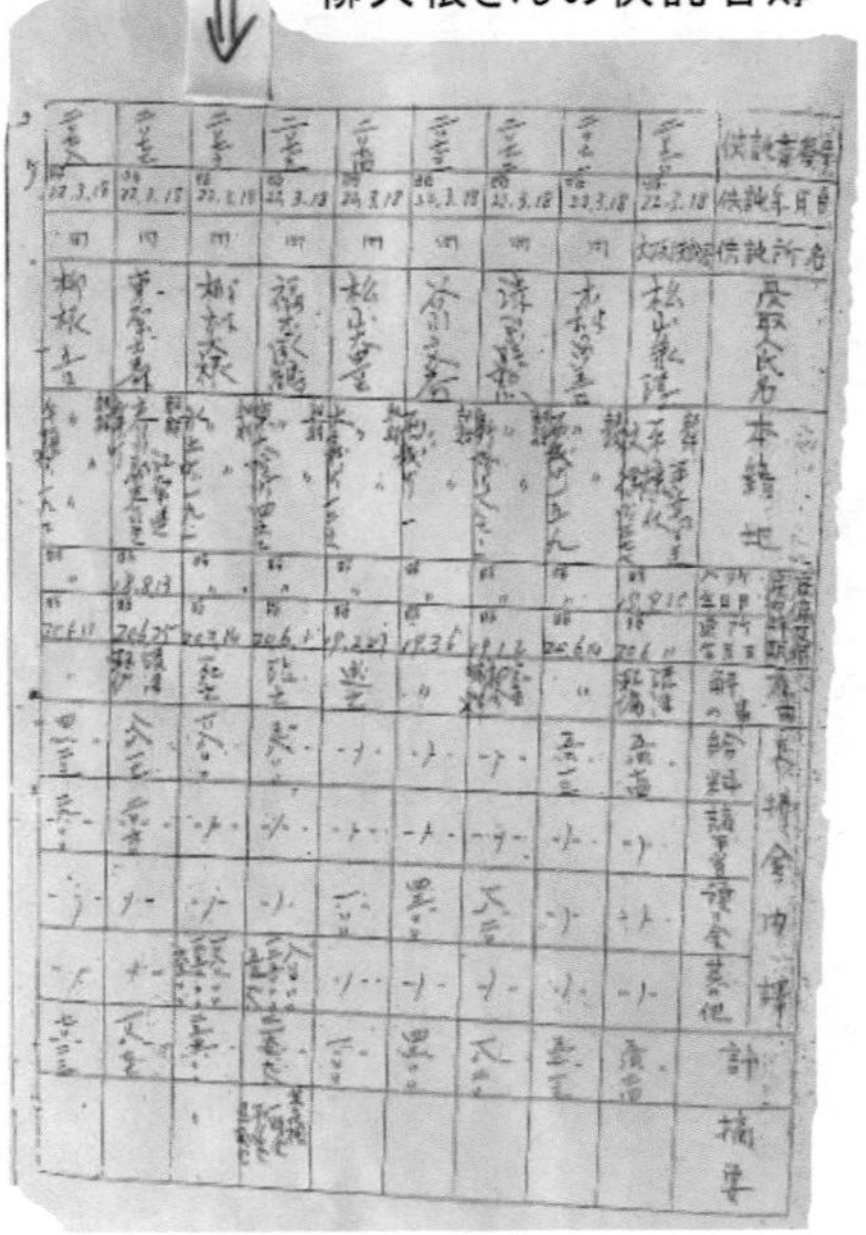

もう一回、先ほどの七ページ、二〇七六の名簿。柳大根さん、柳村さんに退職金などが供託されてるではないかというふうに、さっきおっしゃったのは、この欄の下の方ですね。一番下の欄ですね。一番右の欄は点々で、右と同じということになってるんですが、その右がその他欄で一時金、弔慰金、退職金と書いてあるだろうということですね。

はい、そうです。

柳村さん、柳大根さんが三月一四日、つまり空襲の次の日、先ほどあなたがおっしゃられたような状態の中で、苦しみながら死んでいったということは、日織の側はよく知りながら、何もしないで無縁仏のままにしてたということは、人間として許せないこと

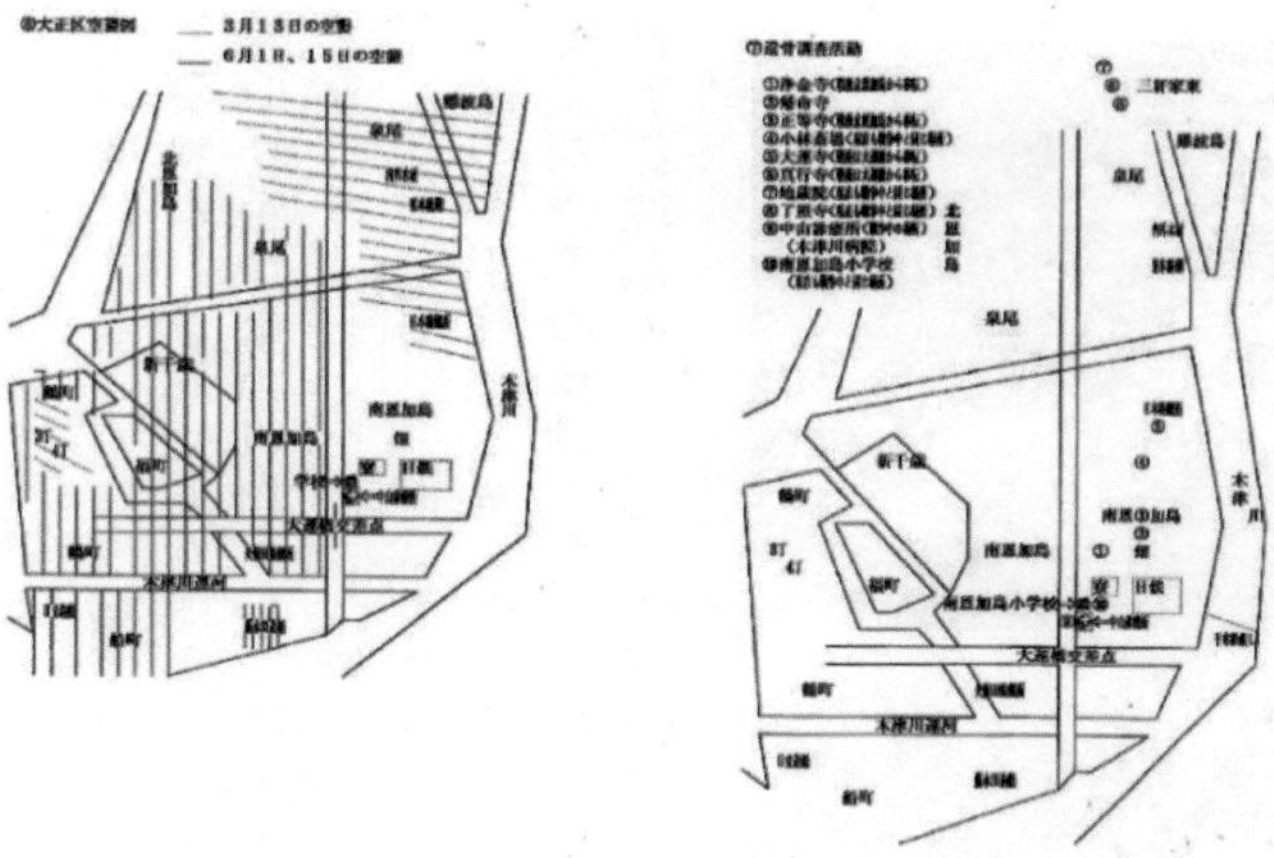

工場周辺調査から再現した3・13大阪大空襲の被災地域

ではないかというのが、あなたの今おっしゃりたい気持ちですね。

はい、そうです。

証言にあるように支援する会と原告らは大正区の大阪工場周辺の聞き取り、寺院の過去帳や行政の資料などを調査した結果、彼の遺骨が大正区のお寺に仮埋葬されたのち火葬場で焼骨、その後引き取り手がない遺骨として豊中市の服部緑地内の大阪市戦災犠牲者慰霊塔に合葬されていたことがわかった。その名前は大阪市の「大阪市戦災仮埋葬者名簿」の中に「(氏名) 柳村大根 (年齢) 一九 性別 (男)」と記載されていた。

はるか平壌（ピョンヤン）の地から日本の大阪に連れてこられ、侵略戦争が招いた日本本土への無差別空襲の犠牲となったのである。その彼を追悼するために原告と支援者は一九九九年一月と地裁判決直前の二〇〇二年三月に、服部緑地の慰霊塔の前で慰霊祭を行った。

1999 年・2002 年の慰霊祭

四　韓国での日本製鉄訴訟

1　韓国の裁判の進行と日本製鉄の対応

日本の裁判結果に納得できなかった原告らは、新たに韓国で日本企業の強制動員責任を問う裁判を起こした。生存者と遺族の五名が、二〇〇五年二月二八日にソウル中央地方法院に一人当たり一億ウォンの慰謝料の支払いを求める訴えを起こしたのである。韓国内での被害者調査で日本製鉄に強制動員された被害者のうち最終的に約一八〇名の消息がつかめたが、それらの被害者を代表しての訴訟であった。二〇〇一年に三菱広島元被爆徴用工らが釜山地裁に提訴していたが、その裁判に続くものである。

しかし、二〇〇八年四月、ソウル地方法院は原告らの請求を棄却した。その後の二〇〇九年七月、ソウル高等法院でも原告らは敗訴した。そのため、大法院へ上告した。日鉄訴訟に先立つ三菱広島訴訟も、二〇〇七年二月に釜山の地方法院、二〇〇九年に高等法院で敗訴した。このように韓国の裁判でも敗訴が続いた。

二〇一一年七月二一日、日本製鉄の強制動員問題の解決を求める被害者団体（太平洋戦争被害者補償推進協議会）の代表と韓国国会議員が、国会議員六一名の署名を携えて会社を訪問した。しかし会社側は「日鉄と新日鉄は別会社であり、当事者ではないので会う必要はない」、「係争中の当事者とは会うことはできない」と言い、持参した署名は受け取ったものの、実質的に門前払いした。

2005 年 2 月ソウル中央地方法院に提訴

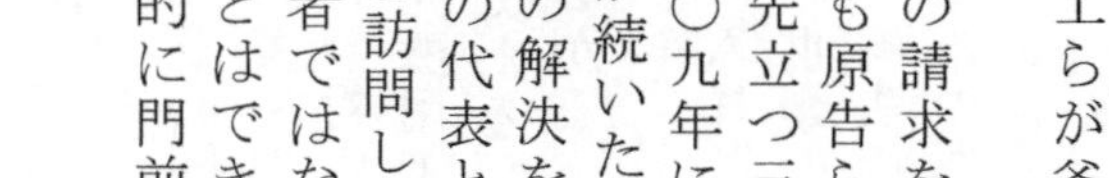

同年一〇月二四日、東京本社を訪れた当時九〇才になろうとする大阪裁判原告の呂運澤さんを社内に一歩も入れなかった。ガードマンに相手をさせ、社員は一切出てくることなく、三時間も入口に立たせたまま、放置した。かつては裁判中であっても原告らとは社内で面談していた。このような高齢の被害者への対応は非人間的であり、社会的常識に反する行為であった。「元徴用工」は会社のために働き、会社の発展に貢献した「元社員」である。会社の「先輩」でもあり、ねぎらいの声が一言でもあってしかるべきである。

同年一二月に被害者団体の代表が訪れた際も社内に入れなかった。その後、関係者との電話対応だけでなく、直接での書類の受け取りさえ拒否した。強制労働は会社が直接手を下した不法行為である。その責任をとるどころか、被害者全員が亡くなるのを待っているような対応が続いたのである。

2011 年 10 月本社前での原告最後の訴え

2　二〇一二年の韓国大法院の逆転判決

二〇一二年五月二四日、韓国大法院は「日本の不法な支配に因る法律関係のうち、大韓民国の憲法精神と両立しえないものは、その効力が排除されるとみなければならない。そうならば、日本判決の理由は、日帝強制占領期の強制動員自体を不法と見ている大韓民国憲法の核心的価値と正面から衝突するものであり、このような判決理由が込められた日本判決をそのまま承認することは、それ自体、大韓民国の善良な風俗やその他の社会秩序に違反するものであることが明らかである」、「日韓請求権協定は日本の植民地支配の賠償を請求するための交渉ではなく、サンフランシスコ条約第四条に基づき韓日両国間の財政的・民事的債権・債務関係を政治的合意によって解決するためのものである」と判示して、ソウル高等法院に裁判を差し戻した。

つまり強制動員は一九一〇年の韓国併合を不法とする韓国憲法の「核心的価値」に違反し、日韓請求権協定は単なる財産権処理の規定であるので、被害者の損害賠償請求権は消滅していないと判決したのである。

この判決直後の第八八回定期株主総会で、この判決に関して株主が「元徴用工へ払う必要ないと思うが、とことん負けた場合払うのか、どこかで折り合をつけるのかどうか」と質問した。

それに対し会社の佐久間常務（当時）は「我々としては裁判を通じて正当性を主張していく。万が一というお話でしたが、いずれにせよ法律は守らなければならない、ただ私どもとしてはそうならないよう努力していきたい」と答弁した。

最終判決には従うという趣旨だ。

二〇一三年七月一〇日、この大法院の判決を受けたソウル高等法院の差戻審の決定が出された。高等法院は、原告四名に対して一人当たり一億ウォンの損害賠償を会社に命じた。原告はついに勝訴したのである。

会社はこの時点では、自ら掲げる企業行動規範の「一　法令・規則を遵守し、高

2013年8月18日
産経新聞記事

い倫理観をもって行動します」、「八　各国・地域の法律を遵守し、各種の国際規範、文化、慣習等を尊重して事業を行います」に基づき、最終判決には従う方針であったとみられる。

　しかし年内に出されるとみられた判決は、二〇一八年までの約五年間、「塩漬け」された。

　その原因は、当時の朴槿恵（パククネ）政権と司法長官とが裏取引し、判決を先延ばしにしていたためであった（司法壟断）。

2013年7月、韓国・差戻審で勝訴、一人1億ウォンの賠償命令

五　画期的な一〇・三〇韓国大法院判決

1　不法な強制労働は日韓請求権協定の対象外

二〇一八年一〇月三〇日、韓国大法院（最高裁）は日本製鉄に対して一人一億ウォンの損害賠償を命じた差戻審の判決を確定させた。一三人の裁判官全員の合議で多数意見七名、二つの個別意見四名を含む一一名の賛成多数での決定だった。

続いて一一月二九日には三菱重工に対して三菱広島工場で被爆した元徴用工、三菱名古屋工場に動員された元女子勤労挺身隊員らにも同様の賠償を命じた。

二〇〇一年の大阪地裁、〇二年の高裁判決は強制労働については不法行為にあたると事実認定をしたが、時効、別会社、日韓請求権協定による個人請求権の消滅等を理由に請求を棄却した。しかし、韓国の司法は「反人道的な不法行為」である強制労働に対する被害者の「強制動員慰謝料請求権」は日韓請求権協定には含まれないと判断した。

大法院判決をふまえて請求権問題について整理してみよう。まず、企業に対する「強制動員慰謝料請求権」についてみる。

サンフランシスコ講和会議では、日本政府とアジア各地に植民地を有する欧米植民地宗主国の反対により、植民地であった

2018 年 10 月、韓国大法院勝訴判決後の集会

韓国には戦勝国の地位が与えられなかった。講和条約第四条でその財産及び請求権の処理は「特別の取極」として二国間条約に委ねられた。

それにより一四年かけて日韓交渉がなされたが、日韓交渉の最大の争点は、一九一〇年の韓国併合及びそれ以降の植民地支配が違法か、合法かであった。最終的に韓国併合以前の条約・協定は「もはや無効」と表現することになった。それは、韓国政府は併合当初から無効、日本政府は日韓条約の締結によって無効となると解釈できるものだった。

交渉で日本政府は植民地支配を合法とする立場であり、反人道的不法行為に関する慰謝料請求権については議論されなかったことになる。日本政府は請求権協定第二条を根拠に韓国大法院判決が「国際法に違反している」と主張するが、大法院判決のように日本企業による反人道的不法行為に対する慰謝料請求権が含まれないと解釈できるのである。

つぎに個人の請求権についてみてみよう。

日本政府は、請求権協定で解決したのは外交保護権であり個人請求権ではないと一貫して説明してきた。原爆訴訟やシベリア抑留問題で政府の責任を追及された際、戦争被害に伴う個人請求権について「サンフランシスコ条約や日ソ共同宣言で国としての請求権（外交保護権）は放棄したが、個人の請求権は消滅していない」と主張してきたのである。

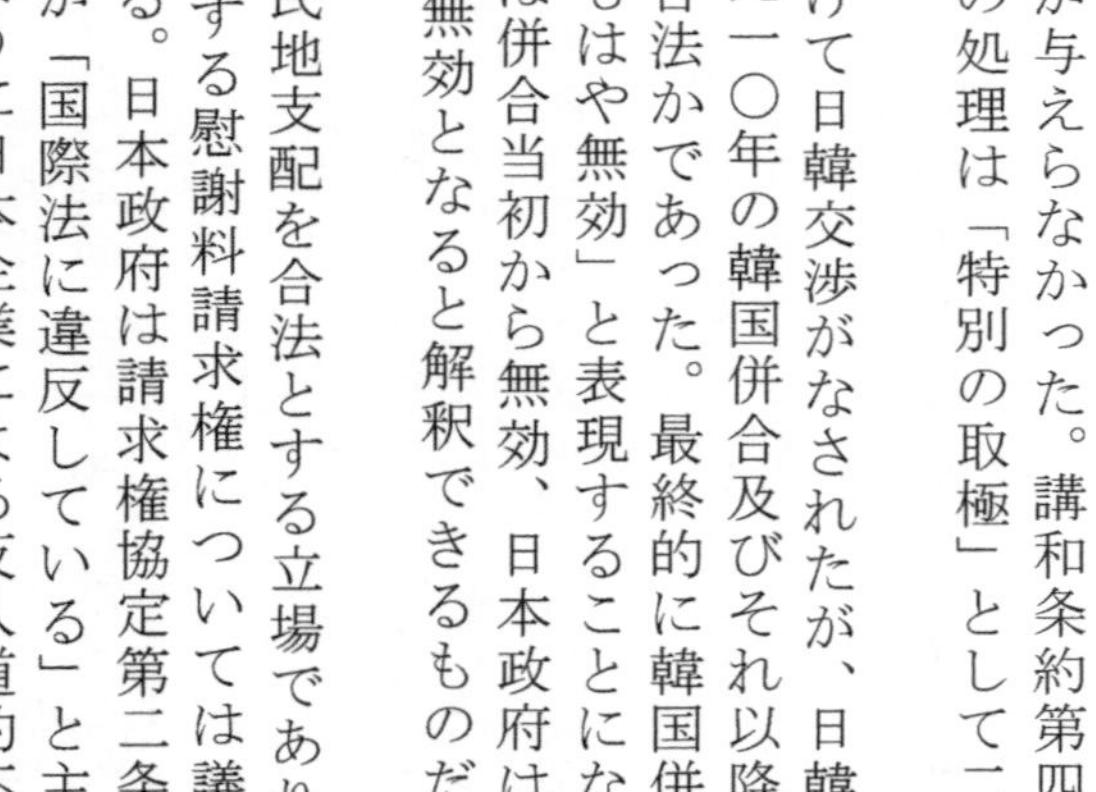

大法院判決後の 2018 年 11 月、
日本製鉄本社に向かう原告代理人・支援者

従って一九九一年の国会答弁で柳井条約局長（当時）は「個人の請求権そのものを国内法的な意味で消滅させたというものではございません。日韓両国間で政府としてこれを外交保護権の行使として取り上げることはできない、こういう意味でございます」と国会で答えている。

その後、戦後補償裁判が進行するなかで、政府や企業などの「時効」や「国家無答責」という主張は覆されていった。またアメリカでも訴訟が起こされた。そのため日本政府は「個人請求権は消

日本国と大韓民国との間の基本関係に関する条約

第一条

両締約国間に外交及び領事関係が開設される。両締約国は、大使の資格を有する外交使節を遅滞なく交換するものとする。また、両締約国は、両国政府により合意される場所に領事館を設置する。

第二条

千九百十年八月二十二日以前に大日本帝国と大韓帝国との間で締結されたすべての条約及び協定は、もはや無効であることが確認される。

第三条　以下略

財産及び請求権に関する問題の解決並びに経済協力に関する日本国と大韓民国との間の協定

第一条

1　日本国は、大韓民国に対し、

（a）現在において千八十億円に換算される**三億合衆国ドルに等しい円の価値を有する日本国の生産物及び日本人の役務を、この協定の効力発生の日から十年の期間にわたつて無償で供与するものとする。**各年における生産物及び役務の供与は、現在において百八億円に換算される三千万合衆国ドルに等しい円の額を限度とし、各年における供与がこの額に達しなかつたときは、その残額は、次年以降の供与額に加算されるものとする。ただし、各年の供与の限度額は、両締約国政府の合意により増額されることができる。

（b）現在において七百二十億円に換算される**二億合衆国ドル等しい円の額に達するまでの長期低利の貸付けで、大韓民国政府が要請し、かつ、3の規定に基づいて締結される取極に従つて決定される事業の実施に必要な日本国の生産物及び日本人の役務の大韓民国による調達に充てられるものをこの協定の効力発生の日から十年の期間にわたつて行なうものとする。**この貸付けは、日本国の海外経済協力基金により行なわれるものとし、日本国政府は、同基金がこの貸付けを各年において均等に行ないうるために必要とする資金を確保することができるように、必要な措置を執るものとする。

前記の供与及び貸付けは、大韓民国の経済の発展に役立つものでなければならない。

2項、3項（略）

第二条

1　両締約国は、両締約国及びその国民（法人を含む。）の財産、権利及び利益並びに両締約国及びその国民の間の請求権に関する問題が、千九百五十一年九月八日にサン・フランシスコ市で署名された日本国との平和条約第四条（a）に規定されたものを含めて、完全かつ最終的に解決されたこととなることを確認する。

2　この条の規定は、次のもの（この協定の署名の日までにそれぞれの締約国が執つた特別の措置の対象となつたものを除く。）に影響を及ぼすものではない。（以下略）

滅していないが、日韓条約で解決済みである」とし、さらに「個人請求権はあるが、裁判では主張できない」と解釈を変更するようになった。最高裁も二〇〇七年の中国人強制連行西松建設判決で政府の解釈を追認した。大法院判決直後、衆議院外務委員会での穀田恵二議員の質問に対し、日本政府は「個人請求権は消滅していない」と言わざるを得なかったのである。

このように日本政府は個人の請求権は消滅していないが裁判では主張できないとする。それに対し、韓国大法院は「個人請求権は裁判上も請求できる実体的権利である」と判決した。国際人権論からみても裁判を受ける権利を制限する日本政府の対応に問題があるのである。

2 韓国政府の取り組みと遅すぎた判決

日本経済は朝鮮戦争特需と戦後賠償を日本の物品・役務の提供で行うことで成長した。その経済の高度成長の基礎を支えたものの一つが韓国に供与された有償・無償あわせて五億ドルの経済援助であった。

請求権協定は「供与及び貸付けは大韓民国の経済の発展に役立つものでなければならない」と定めていた。援助によってソウル地下鉄や浦項製鉄所などの韓国内のインフラが整備されたが、供与する物品・役務はすべて日本企業が受注し、代金は日本企業が受け取ったのである。

まさに五億ドルは「賠償」ではなく「独立祝い金」という名目のＯＤＡであった。また資金は「経済援助」に使途が限られていたため、韓国政府はこの資金を韓国人の対日財産の補償や強制動員被害者らの補償に直接充てることができなかった。そのため基金（特別会計）を組んで被害者に補償したのである。

韓国で民主化が進むなか、盧武鉉（ノムヒョン）政権下で政府による過去の不正義を「清算」するための委員会、法律が多く作られた。日本の植民地支配下での戦時強制動員についても二〇〇四年に「日帝強制占領下強制動員被害真相究明等に関する特別法」が制定され、真相究明がすすめられた。二〇〇七年には「太平洋戦争前後の国外強制動員犠牲者等の支援に関する法律」を制定した。朴正煕政権下では被害者への補償が十分されなかったことから、強制動員被害者の痛みを治癒するための道義的・援護的支援をすすめ、死亡者には二千万ウォンを支給、生存者には医療援助などをおこなった。被害者の要求に一定、応える施策を実施したのである。

一方、日本政府は請求権協定の五億ドルの経済協力ですべて解決済みとする立場を変えようとしていない。韓国大法院判決を一方的に「国際法違反」と決めつけて、「韓国政府の責任で解決を」と主張するだけであり、強制動員被害者に謝罪はおろか賠償も行ってはいない。

二〇年以上に及ぶ裁判の結果、被害者は勝利判決を手にしたが、判決の時点で、日本製鉄の裁判では原告四名のうち三名がすでに死亡、三菱広島被爆徴用工の裁判では五名の原告が全員死亡していた。

大法院判決の補充意見は「請求権協定で強制動員慰謝料請求権について明確に定めていない責任は協定を締結した当事者らが負担すべきであり、これを被害者らに転嫁してはならない」という言葉で結ばれていた。ここにいう当事者とは日韓両政府である。

被害者の尊厳の回復は日韓両政府の妥協の産物として結ばれた条約によって長年放置されてきた。その回復を両政府に求めたのである。判決を契機に、日韓両政府は韓国司法が提示した「強制動員慰謝料請求権は請求権協定の対象外である」という新たな条約解釈を受けとめ、真摯に外交交渉を進めるべきであった。

3　対立をあおった安倍政権

大法院判決が出されると安倍首相（当時）は「国際法上ありえない判決」とし、河野外相は「日韓関係の法的基盤を根本から揺るがす」と発言した。半世紀以上も前の一九六五年の条約・協定を持ち出して「国際法上ありえない」としたのである。この発言にマスコミも同調し、「韓国バッシング」をおこなった。それはヘイトスピーチやヘイトクライムを助長することになった。

しかし大法院判決は、条約締結に至る経過や請求権協定の解釈、そして植民地主義克服の道を歩む国際社会の動向をふまえれば、「国際法上ありえる」判決である。

この判決に対し、安倍政権は二〇一九年七月の半導体製造に係るフッ化水素等の「輸出規制」や韓国のホワイト国（優遇対象国）からの除外という「経済報復措置」をとった。問題解決のための対話でなく、敵対措置を矢継ぎ早に発動したのである。そのため韓国内でも日本製品不買運動や「反安倍」集会が呼びかけられるなど、日韓関係は悪化の一途をたどった。

これらの対抗措置は、判決を受けた日本製鉄や三菱重工には「実害」（強制執行）が及んでいない段階で行われた。これらの措置により日本の輸出産業や観光業は深刻な打撃を受けた。その影響は安全保障分野、ＧＳＯＭＩＡ（秘密軍事情報の保護に関する日韓両政府間の協定）の延長問題にまで波及した。

安倍政権は徴用工問題を解決するのではなく、日韓の対立を煽ることに利用したのである。

4　人権を重視する国際社会に呼応した判決

国際社会は第二次世界大戦の悲惨な経験から国際連合憲章を採択し、武力行使（戦争）を禁止した。そして戦争を抑止するためには個人の人権尊重が重要であると考え、「世界人権宣言」「国際人権規約」などの多くの人権条約を定めた。また「植民地と人民に独立を付与する宣言」、「人種差別撤廃条約」などの制定を経て、二〇〇一年にダーバン宣言（人種主義、人種差別、外国人排斥および関連のある不寛容に反対する世界会議宣言と行動計画）を発した。このダーバン宣言では、「植民地主義によって苦痛がもたらされ、植民地主義が起きたところはどこであれ、いつであれ、非難され、その再発は防止されねばならない」と人種差別と排斥を生み出す植民地主義を克服しなければならないとした。

韓国大法院判決は直接ダーバン宣言には触れていないが、この宣言の趣旨にそったものである。判決は植民地支配下の強制動員を反人道的不法行為と認めたものであり、世界史に残る画期的な判決であった。

大法院判決が示すように、サンフランシスコ条約や日韓条約・請求権協定は植民地支配での不法行為を処理するものではなく、「財産権処理」のための条約であった。この判決は植民地支配によって侵害された個人の人権は回復されなければならないことを示すものである。

多くの朝鮮人が朝鮮半島の農村部からある日突然、日本の侵略戦争を支えるための労働力として見知らぬ日本の炭鉱、鉱山、工場、建設現場などに強制動員された。民族差別にさらされながら過酷な労働を強いられ、耐え切れずに逃亡したり、事故で死傷したり、帰国後も様々な苦労を重ねてきた。彼らは半世紀以上も前に締結された「日韓条約・請求権協定」に束縛され続けた。日韓条約によって置き去りにされて来た強制動員被害者の人権回復（補償）の問題が二〇一八年の韓国大法院判決によりようやく解決の道が開かれたのである。しかし安倍政権はこの判決を「国際法違反」と宣伝し、自らを被害者のように装った。そして韓国政府に解決を要求した。

このような韓国側に譲歩を求める日本政府の強硬姿勢に屈した尹錫悦（ユンソクヨル）政権は二〇二三年三月、日帝強制動員被害者支援財団が日本企業の債務を「肩代わり」する解決策を示した。しかし、この策は動員被害者の尊厳を回復するものではなく、被害者の権利を再び侵害するものである。強制動員問題は本来、政治外交問題として解決されるべきものではない。歴史的・世界的な植民地主義の克服、人権の回復の問題として、被害者が望む形での解決がなされなければならない。そうでなければ、未来への教訓とはならない。

おわりに

韓国大法院判決の直後の日本政府やマスコミの過剰な対応の根底には日本社会の差別排外思想とそれを支える植民地主義がある。

近代日本はアイヌモシリ（北海道）や琉球（沖縄）など周辺の地域を取り込み、「大日本帝国」という国家を作り出した。その統合のイデオロギーの中心として天皇制が据えられた。近代国家をつくりあげるために日本に「編入」された人々はすべて「万世一系」の天皇が支配する帝国臣民に統合された。その日本は帝国主義国家として日清・日露戦争を経て台湾と朝鮮半島を植民地化し、その後中国大陸へ侵攻した。さらにアジア太平洋全域に戦線を拡大し、一九四五年八月、「大日本帝国」は崩壊した。しかし敗戦後も「国体」は護持され、天皇制は連綿と現在に引き継がれ、今も「権力装置」としての役割を果たしている。

日本は一九五二年のサンフランシスコ条約により「国際社会」に復帰した。それと同時に日本政府は戦前の軍人恩給を復活させ、「戦傷病者戦没者遺族等援護法」を制定した。同時に敗戦まで天皇の「赤子」と言って天皇制のもとでの「平等」を唱えていたにもかかわらず、日本軍兵士として動員した朝鮮人・台湾人から国籍をはく奪し、援護制度から排除した。戦後の「再出発」から、日本社会は過去の植民地支配の歴史に向き合うことなく、自国民中心の立場を貫いてきた。

冷戦が崩壊し、一九九〇年代になると、アジア各国を中心に日本の戦争責任・植民地支配責任を問う声が大きく上がった。戦後五〇年を機に侵略戦争と植民地支配への反省を内外に示す必要から、国内に反発する勢力を抱えながらも一九九五年、村山首相談話で「日本の過去の植民地支配（と侵略）に対して痛切な反省と心からのお詫び」を表明した。一九九八年の小渕・金大中（キムテジュン）の日韓パートナーシップ宣言など、以後の歴代内閣もこの「歴史認識」を継承し、二〇〇二年の日朝ピョンヤン宣言においても「日本側は過去の植民地支配によって朝鮮の人々に多大の損害と苦痛を与えたという歴史の事実を謙虚に受け止め、痛切な反省と心からのお詫びの気持ち」を表明した。

しかしこの「反省」の姿勢は深められなかった。逆に現在の日本は差別排外思想を克服することができず、歴史否定論や植民地主義が跋扈している。

日本は侵略戦争を支えるために朝鮮半島から強制動員を行ったが、それを反省することなく、現在、労働力不足を解消するために外国人労働者の導入を進めている。朝鮮学校の高校無償化や幼保無償化からの排除、自治体の補助金カット、さらにコロナ対策では臨時給付金からの朝鮮大学校生の排除など、日本社会はともに暮らす朝鮮人を幼少期から差別し、排除している。この差別排外思想の根底には韓国・朝鮮に対するかつての宗主国意識、植民地主義が脈々と流れている。この植民地主義の克服がなされなければ日本社会に未来はない。

強制動員被害者の多くが亡くなり、私たちが直接被害者の話を聞く機会も少なくなったが、彼らが残していった証言や記録を通じて、私たちは未来社会のために彼らの「声」に真摯に耳を傾け、応えていかなければならない。

大阪地裁提訴・集会 1997 年 12 月	日鉄大阪裁判支援行動　2000 年頃
	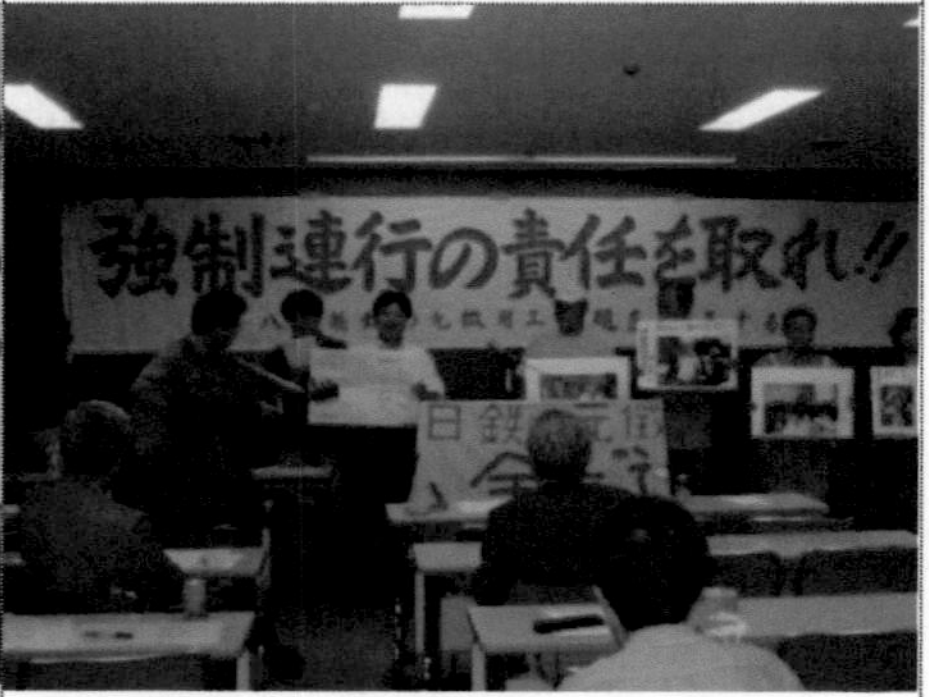
新日鉄東京本社前行動 2002 年 7 月	大阪高裁結審・集会　2002 年 7 月

韓国被害者調査,劇的対面 2002 年	新日鉄東京本社前行動 2002 年 7 月

ソウル中央地方法院提訴 2005 年

韓国各地で被害者調査　2002 年

韓国大法院勝訴　2018 年 10 月

ソウル高裁差戻審で勝訴 2007 年

日鉄本社前東京総行動 2022 年 10 月

3・1 集会、ソウル龍山駅 2019 年 3 月

資料　原告の強制動員被害の状況

（二〇〇五年韓国日鉄訴訟の訴状から要約）

原告らは、そのほとんどが八〇歳を過ぎる高齢者であり、当時の惨状について正確には憶えていません。現在憶えている事実をそのまま記述し、原告たちが被った被害と被告の加害責任を明確にしようと思います。

（一）原告　呂運澤

原告、呂運澤は、一九二三年六月八日、全羅北道で二人兄弟の次男として生まれ、日本帝国主義による強制占領期には、宮本運澤と創氏改名しました。同原告は七歳の時、同原告の父親と死別し、母親も再婚して別れることになり、忠清南道の論山の叔父宅で農業を手伝いながら苦労して育ちました。

同原告は、学校に通いたかったのですが、叔父の生活が貧しかったため学校へ行くことができず、十三歳頃に二年過程の簡易学校に通いましたが、これさえも三ヶ月しか通うことができませんでした。

同原告は、食品店で二年位仕事をした後、平壌の朝鮮無煙炭株式会社が旋盤工や鋳物工などの工員を募集しているということを知って、平壌に行って、その会社に就職しました。しかし就職してみると炭鉱の鉱夫の仕事であり、炭鉱で働くのが嫌で、他の作業班への配置を要請して、辛うじて鋳物工場に配置を受け、一年半ほど見習工として勤めました。

同原告は年が幼い上に、見習い工だったので、あまりにも給料が少なくて十九歳の時にこの会社を辞めて、日本人が経営しているコトブキ理髪店に就職しました。理髪店に勤めながらも一週間に四回早退して小学校の運動場で行われていた「錬成所」の訓練を受けなければなりませんでした。「錬成所」の訓練は、日本語の号令に合わせての整列、行進などの軍事訓練と、日の丸に敬意を表して「皇国臣民ノ誓詞」を暗誦する訓練などでした。当時、普通学校の教育を受けない朝鮮の青年たちは、強制で「錬成所」に行かなければならず、「錬成所」を出れば日本軍に行かなければならないと言われていました。同原告は生年月日が入隊対象者より三ヶ月早かったため、辛うじて軍に行くことを免除されました。

平壌の床屋で働きながら「錬成所」に通った一九四三年九月初旬頃、同原告は、大阪工場の工員募集の新聞広告を見ました。その広告には、日本製鉄は資本金が二億円の大きい会社であること、二年間勤めれば技術者資格を取ることができ、朝鮮に戻って来れば当時二ヶ所にある製鉄所で技術者としての待遇を受けられる、などの内容が載っていました。また、この内容のポスターは町の至るところに貼ってありました。

同原告は、期間が二年間と確実に決まっている点、その間に技術も習得することができ、失業者が多い朝鮮に戻って来ても技術指導者として働くことができるという点に心が惹かれました。同原告が募集場所になっている建物に行って見ると、五百人位の朝鮮人が集まっていました。当時は仕事がなくて失業者が多かったため、百人の募集に対して五倍の人が集まりました。

同原告はその募集場所で、日本製鉄の募集担当者で元陸軍将校の面接を受けました。その外にも、日本人が募集するために平壌へ来ていました。また、日本製鉄の工員募集の二日ほど後に、中山製鋼所も同じような工員募集をしました。

同原告など、審査に合格した者は、その翌日、運動場に集められ、「協和訓練隊」という名称の訓練隊に編成され、三日間ほど、元陸軍将校の指揮を受けて、整列など軍事訓練のような訓練を受けました。その訓練は、工場で働く際に命令や秩序に従って行動するようにするための訓練でした。

この訓練が終わると、募集された朝鮮人たちは、国防服と日本製鉄の記章がかかった帽子の支給を受けました。そしてそれらを身に付け、平壌駅に集合整列して汽車に乗り込みました。
募集された朝鮮人たちは、一旦汽車で釜山まで行き、釜山で一晩泊まってから船に乗り、日本の下関に到着しました。そこで門司の近くにある島へ行って、白い消毒液で一杯の樽に入るように指示を受けました。その後汽車で大阪に行き、大正区の日本製鉄の寮に入りました。

日本製鉄に到着するまで、募集された朝鮮人たちは皆、日本で技術を学ぶことができるという期待が大きかったため、逃げ出したいという雰囲気はありませんでした。日本製鉄の寮に到着するとすぐに四人一部屋に分けられました。部屋に入って見ると、窓には、どこから見ても逃亡防止用としか見えない角材が、窓の格子のようになっており、同原告はそれを見た瞬間、だまされたと感じました。

寮に入った翌日から、募集された朝鮮人たちは、三キロ離れた運動場で軍事訓練を受け始めました。募集された朝鮮人たちは毎朝五時に起床ラッパの音で起き、すぐに大正橋までランニングをしなければならず、遅く来た何人かには、朝御飯が与えられませんでした。

この軍事訓練では、木製の銃を下げて行軍したり、銃剣で闘う訓練を受けたりしました。出発前に受けた平壌での訓練とは違い、ここでは、動作の遅い人は銃で体を殴られました。募集された朝鮮人たちはこの訓練が早く終わって工場で仕事をしたいと願っていましたが、このような訓練だけの生活が二十日ほど続きました。

また同原告は、大阪で、会社から「宮本雲澤」と言う名前をもらいました。この名前は、同原告の創氏改名した名前である「宮本運澤」とは違っていたため、事務所の職員に、漢字が違うと言いに行きました。しかし、事務所の職員は、『雲』と『澤』にすれば、雨が降って池ができ、土地がよく肥えるというめでたい意味になるから、これにした方が良い」と言って、結局、日本製鉄にいる間、同原告は「宮本雲澤」という名前を用いました。

同原告は、起重機(クレーン)を操作して、ぼうぼうと燃える平炉に、古鉄や針金などの材料を積んで運んでくる仕事を割り当てられました。平炉は千度以上の温度があり、言葉では言い表せないくらい暑く、下着まで汗でびっしょり濡れました。仕事は一旦始めれば溶鉱炉で鉄をずっと溶かし続けなければならないため、三時間身動きもせず仕事をしなければなりませんでした。特に起重機操作は、九種類の操作を一人でしなければならないため、必死で神経を没頭させて従事しました。

起重機の操作は、指導者の日本人が操作しているのを見て、そのまま真似て学びました。起重機の操作はハンドルが急に強く回るため、うっかりして操作板に腕でも触れれば、感電して死ぬこともあり得る危険が潜んでいました。同原告も、見習い工になってから一ヶ月目ほど経った時、指導者が荒っぽい運転をしたため、操作板に触れて感電し、気を失ったことがありました。その時、日本人が水を浴びせて意識を取り戻しましたが、意識が戻った時、日本人が水をかけながら、にやにやと笑って見つめていたことを憶えています。同原告は、意識が戻ってからもずっと、朦朧とした状態でしたが、病院に連れて行かれることもなく、そのままほったらかしでした。作業は違いますが、日本名で「福本」と呼ばれていた朝鮮人労働者が感電して死亡したこともありました。

また、溶鉱炉へ材料を投入するには、材料を入れる容器を起重機で持ち上げて溶鉱炉に押し込み、起重機を操作して、その容器を逆さまにするのですが、ある日、容器がどこかにひっかかってしまって、調べに行っている途中ついその熱い容器に足が触れてしまって、右の膝下にやけどをしたこともありました。この時、同原告は、工場近くにある串田病院に行って治療を受けましたが、大きな水ぶくれができて、その後一週間位は病院へ行って消毒を受けなければなりませんでした。しかし、仕事は休ませてもらえませんでした。この時のやけどの傷跡は今も残っています。

そして同原告のような仕事に従事した朝鮮人労働者の中には、他の人が操作して移動させていた材料の容器にぶつかってけがをした人もいます。仕事はこのように危険で大変でしたが、同原告は、与えられた仕事に対して熱心に取り組み、誰よりも早く起重機操作を学んだと誉められて、寮の中で模範工員三人のうちの一人に選ばれ、どこかの政府機関に行って表彰も受けました。

毎日食べる食事には、玄米ご飯と白菜を漬けたものが出ました。寮の食堂ではみそ汁も出ました。量が少なくて全部食べてもお腹が三分に一ほどにしかならず、大変お腹がすいていました。あまりにもひもじくて、わずかばかりの小遣いで、寮の近くの店で、おかゆを買って食べて、ひもじさをなぐさめました。朝鮮人労働者の中には、厨房に密かに入ってご飯を取り出して食べる人もいましたが、その人は、発覚されると、皆が見ている前で精神棒と呼ばれる棒で死ぬほど殴られました。

理由は分かりませんが、朝鮮人労働者は、日本人指導員からよく殴られました。寮でも誰かが殴られている音をよく聞きましたが、見に行けば「何をしに来た」と言われて気合い入れられる（殴られる）のを知っていたため、確認しに行くこともできませんでした。それで募集された朝鮮人たちは、日本人の前では目立たないようにいつも萎縮していました。

こんな生活の中で「平山」と言う日本名の朝鮮人が半年目くらいに逃亡しました。彼がどうなったかは分かりません。日本に到着して以来、ひと月に何回も大正警察の警察官が来て「お前たちのことは、会社よりもよく知っているから、朝鮮に帰っても必ず捕まえる。逃げたら二時間以内に捕まえる」など、朝鮮人労働者たちを脅していたため、逃げても捕まってしまうと考えるようになりました。

同原告は、日本へ来る前に平壌で「待遇が良い」という言葉を聞きましたが、給料の具体的な金額については聞いたことがありませんでした。軍事訓練が終わった後、二等工員見習になった時にやっと給料をもらうことができましたが、給料は寮の舎監が全部まとめてもらっていたため、同原告が手にすることはできませんでした。品行方正と判断されれば、会社に頼むと小遣い程度に二、三円を渡してくれましたが、残りは強制的に貯金させられました。給料をすべて渡せば無駄遣いをするから、というのが貯金の理由でした。

舎監は、希望する者には、給料袋を見せてやると言うので、同原告も希望して見せてもらいました。詳しい内容は忘れましたが、封筒の中には何かの項目と金額が書かれていました。貯金については、個々人の貯金額が書かれた紙が寮の壁に貼ってありました。同原告は、朝鮮の清津に帰る直前に、その紙に書かれた自分の貯金額が九六〇円であったと記憶しています。

日本へ来た当初は、外出が許可されませんでした。初めて外出が許可されたのは、日本へ来て六ヶ月以上経ってからです。同原告は、会社から比較的信用されていたため、清津に帰る前まで外出が許可され、ひと月に一度位でしたが、南恩加島にある安い映画館、工場近くにある浜辺、中之島公園に行ったことがあります。しかし、行って見たところでお金もなく、あれも食べたいこれも食べたいと思いながらも何も食べずにただ帰って来るだけでした。

一九四四年二月か三月頃、寮の日本人の舎監が、募集された朝鮮人たちに「君たちは徴用された」と言いました。その時、舎監は「お前たちの体は、もはやお前たちのものではなく、自由はない」と言いました。徴用された者は、作業服に赤色と青色の布で表示されました。募集で来た全朝鮮人労働者が徴用されたのです。

元々募集された朝鮮人たちは、初めのうちは、列をなして行動し、奴隷のような扱いを受けましたが、仕事が慣れて強制貯金が貯まると、逃亡防止の監視は少し緩くなりました。しかし徴用された後は、また初めのような取り扱いに戻り、寮の中で物がなくなったと言っては、真夜中であっても全員を並ばせて何時間でも立たせ、誰かが自白するまで殴るなど、扱いはよりひどくなりました。このように、徴用後、同原告たちは、無駄口を叩かず指導に従うことを、より強制されるようになりました。

日本製鉄大阪工場は一九四五年三月頃、空襲を受けました。この空襲で、同僚である柳大根（ユデグン）が死亡しました。柳大根は、空襲が起きた時、工場と寮との連絡役を担当していました。空襲が止むことを待って、夜七時か八時頃、寮に帰ってみると、柳大根が、焼夷弾が足に当たってけがをして病院に運ばれたと聞き、同原告も病院へ駆けつけました。行ってみると、電気の明かりもない所で、足をチューブで縛られた柳大根が「助けて…助けて…。お母さん、死んじゃうよ…」と言いながら泣き叫んでいました。医者と看護婦たちは、麻酔もせず、のこぎりで足を切断したのです。彼を心配してやってきた仲間たちは、あまりにも可哀想で、とても彼を直視することができないほどでした。柳大根は、翌日死んでしまいました。

同原告は、柳大根の遺体が戦後、無縁墓に埋められたことを知りました。柳大根は、日本製鉄で働いた当時、とても優秀で、それだけに連絡担当を任されていたのです。柳大根が連絡担当をしていて死んだということは、会社のために死んだのと同じであるにもかかわらず、被告会社が、そういう事実を故郷に知らせもせず、また、給料も支払わないまま、無縁墓に放置しておくということは、人間として許されることではないと、同原告は考えています。

一九四五年六月頃、朝鮮人労働者たちは清津工場に異動させられることになりました。清津に行くことについては、出発する数日前に舎監から「大阪工場が破壊されたから、清津に移ることになった」と聞かされただけで、いつまでに清津で働くのか、どんな仕事をするのかなどの説明は全然されないまま清津に出発しました。同原告たちは、今までしてきた貯金が心配になり、日本を離れる前に、舎監に聞いて見ると、「清津に到着すれば通帳をわたす」と言いました。それで清津に到着して通帳をくれと言うと、「次に清津に来る時に持って来る」と言いました。また、清津では、一円の給料も受けることができませんでした。

汽車と船を乗り換えて清津に到着すると、清津工場には、まだ溶鉱炉以外には何もない状態で、製板工場の建設工事を始める段階であり、同原告たちは、土木作業に従事しました。この土木作業の最中に十七歳の三期生の朝鮮人労働者が、崩れた土の生き埋めになって死亡しました。

清津では、共同住宅のような、いくつかの家で、三、四人が一部屋を使いました。家はあまりにも古びていて、床に付けられた紙が落ちて、家の中は砂だらけでした。食べ物の少なさは、大阪よりもっとひどくて、飢えたお腹をどうすることもできず、誰かがどこかから持って来た古いサバを食べて皆が食中毒にかかったこともありました。

ソ連の参戦は突然の爆撃で始まり、同原告は、急いで寮に戻って、服を持って山に逃げました。その山の中で偶然にも、日本製鉄大阪工場で起重機課の責任者だった人（ホリキ）とその家族に会いました。その後、同原告は、一旦は北の茂山を目指して逃げ、そこから城津に行きました。そこでソ連軍と出くわした時、日本人であると誤解されて、危うく殺されるところでしたが、そこに住む住民が、朝鮮人であることを説明してくれて死を免れ、ソウルまで逃げることができました。そしてソウルから、故郷である忠清南道に向かい、一九四五年九月初旬頃、同原告は辛うじて故郷に辿り着きました。

同原告は故郷で結婚し農業に従事しましたが、江景に引っ越してからは、農業をする一方で農作物の行商もしました。そして一九七一年にソウルに移住して製靴会社の工員として就職し、溶接検査の技師になって働きました。

同原告は、原告申千洙とともに、一九九七年十二月、補償を要求する訴訟を日本で提起しましたが、日本の最高裁判所で最終的に棄却判決を受けました。棄却の理由は、一九六五年に韓日請求権協定が締結されてから制定された財産権措置法によって韓国人の権利は消滅しており、旧日本製鉄株式会社と被告会社は他の会社であるという会社側の主張を裁判所が一方的に受け入れたものです。被告会社の前身である日本製鉄株式会社が、朝鮮の青年たちをだまして強制的に連れて来て酷使し、その賃金も支払わないまま日本政府の指示によって供託したことは事実です。会社は、これ以上責任を負うべきことはないと言います。若い青春の時代に、それを謳歌することもできず、日本の企業のために命をかけて働いたことに対して、何の責任意識も持っていない被告会社に、厳重な責任を問う次第です。

(二) 原告　申千洙

原告申千洙は一九二六年十一月二一日、全羅南道の一農村で農業をしていた両親の間に八人兄弟の四番目、長男として生まれました。同原告の家は、同原告が初等学校(小学校)に通う頃まで、二千坪の農地を耕作して人も雇っていたため、村内でも裕福な方でした。日照りで飢饉が発生して、人々が木の皮をむいて食べるほどだった時も、家の倉庫から米を取り出して村の人々に分けてやり、これが新聞に取り上げられたこともありました。そして他の子ども達が持っていなかったハーモニカなども持っていて、同原告の少年時代は幸せでした。また、同原告は、最初に生まれた男の子だったため、両親からもかわいがられました。将来は、何か技術が必要な仕事、特に医者になりたいと考えていました。

同原告は、住んでいた地域の初等学校に入学しましたが、その頃の学校はすでに、日本による支配色がかなり濃くなっていました。教師は一人を除いて全員日本人だったし、韓国語を使えば大目玉を食ったし、みんなで一緒に神社に参拝したりしました。同原告は、初等学校を四年で卒業して、その後には村内のお寺で、大学へ行くための勉強をしました。

その頃から村内では日本による供出がひどくなっていきました。鉄でできたものは全部供出しろという指示が下り、家の器を隠したこともありました。同原告の父は、そういう状況の中、金の採掘に手を出し、そこに全財産を注ぎ込んだため、同原告の一家は没落していきました。

そのため同原告は一六歳の時、一人で上京して酒を売る高級な店で一年半位働きました。ソウルには日本人がたくさんいましたが、特にその店には日本人がたくさん酒を飲みに来ました。同原告は、日本人は豊かな生活をしていると感じました。その後、同原告は、友達の勧めで平壌へ行き、「ナッパ食堂」という日本食堂で働きました。そこでの給料は良く、同原告は給料の半分を家に送ることができました。

平壌へ来てしばらく経って、食堂の前に日本の製鉄所で労働者を募集するという広告が貼ってあるのを見つけました。その広告は、他の場所にもあちこち貼ってあり、待遇が良くて、家に送金することができるという内容が書かれていました。同原告は幼い頃から技術を学びたかったし、技術者には日本人が多かったので、その時代に技術を持っていれば、朝鮮で将来、良い生活ができるはずだと考え、その広告にたいへん興味を持ちました。

同原告は、その広告を見て、小学校に一時的に開設された募集事務所に、試験を受けに行きました。事務所には多くの朝鮮人が来ており、日本語会話能力、家族構成、思想について調査を受け（親戚の中に独立運動参加者がいるかなど）、また、身体検査を受けました。

この試験の約一週間後に、私たちは集まって説明を受けました。その時の説明は、二年間大阪製鉄所で働いて技術を学ぶことができる、技術を学んだ後、朝鮮の製鉄所に再就職できるという内容でした。同原告は、その説明を聞いて、技術を学ぶことができ、また帰国後の就職口もあるとのことなので、日本へ行くことを決めました。

その後、同原告は同じ小学校に出向いて三日ほど「協和訓練隊」と呼ばれる部隊に入って、整列と行列の訓練を受けました。訓練を指揮した人は日本人で、階級章が付いた軍服を着ていました。この訓練を受ける時に二期生として日本へ行くという話を聞きました。

このような訓練を受けた後、募集された朝鮮人たちは支給された服に着替えて、着替え程度の荷物を持って、訓練を指揮した日本人の引率のもと、日本に向かいました。同原告はまず汽車で釜山まで行き、釜山で一夜を明かし、翌朝、釜山から近くの島に連れて行かれ、そこで消毒液に浸かって消毒を受けました。水槽の消毒液はとても冷たく、また、肌がひりひりして痛かったことを憶えています。そしてそこから船に乗って下関に行き、下関では再び汽車で大阪に向かいました。

同原告たちの移動の際は、出発の前に訓練を指揮した日本人が見張っていましたが、何も分からなかった同原告は、その時は日本へ行って新しい生活をすると言う期待が大きく、逃げだしたいとは思いませんでした。

同原告は、大阪駅でトラックに乗れという指示を受け、そのまま大正区恩加島にあった日本製鉄大阪工場の寮に入りました。一緒に来た朝鮮人だけ入ったその寮は、木造二階建てで一階の窓には鉄格子がはめてあり、四人程度が一部屋に割り当てられました。寮の敷地の門には見張りがいたし、夜には錠がかけられました。寮の中にも舎監がいました。同原告は寮に入って来てすぐ、自由に出入りできない所に来たと思いました。

同原告たちはその翌日から、寮から少し離れた食堂の裏の空き地で、木で作った銃で射撃訓練を受けました。平壌での訓練では体罰はありませんでしたが、ここでは、指示されたとおりにできなければ体罰がありました。例えば、長い時間、手を挙げて同じ姿勢でいさせるような体罰でした。

このような軍事訓練を何日間か受けた後、一九四三年九月頃、製鉄所での仕事が始まりました。同原告に与えられた仕事は、溶鉱炉に石炭を入れて、これが塊にならないように鉄の棒で石炭を分散させる作業でした。溶鉱炉のすぐそばで行う作業のため、非常に熱く、大変な重労働でした。しかし、もっと辛かったことは、何日かに一回ずつ、石炭を焼いて熱くした空気を送る鉄の管に満ちている粉塵を掃除する作業でした。空気を送る鉄の管の高さは一メートル五〇センチ位しかなく、体を曲げたまま、全体の長さが百メートル以上もある管を一日の間に掃除するのです。なおかつ溶炉を停止させる時間を短くするために、管の熱が冷めない状態で作業に入るため、管の中は息が詰まるほどの熱気で、大量の汗を流しました。食事時間を除き、ずっと管の中に入っていました。マスクはしていましたが、粉塵を吸い込むのでつばを吐けば真っ黒な色でした。この作業の苦しさは言葉では表現することができないくらいです。

同原告は、このような作業に最初は二交替制で、訓練期間が終わった後は三交替制で従事しました。出勤は、毎朝、勤務時間が同じ者同士が寮で整列して工場まで行き、退勤も、工場で整列して帰って来ました。初めの頃は休日もなく、自由もありませんでした。後になると、班で調整して、ひと月に一、二回は、三交替の二つの部分を続けて働いて、翌日一日休日になるという状態でした。

同原告は、技術を学ぼうと日本へ来たのに、このような仕事は思っていたものとは全く異なっており、朝鮮に帰った後も同じ事を強要されはしないかと心配しましたが、他の作業に変えてくれと言える状況ではなかったため、指示通りに働くしかありませんでした。

毎日出る食事は、このような重労働に耐えられるだけのものではありませんでした。金属で作ったお弁当のような容器に薄くご飯が敷かれているものが配給され、おかずも少し出ましたが、とにかく量が少なく、食べた後にすぐお腹がすき、腰ひもを強く締めて堪えなければなりませんでした。その食事さえも次第に量が減っていきました。製鉄所で働いていた日本人は、どこからか他の食べ物を調達して持って来ていましたが、朝鮮人労働者はそうすることもできませんでした。あまりにもお腹がすいているため、後になって外出できるようになったときには、浜辺に行って貝を捜して食べたこともありました。

班で調整して休日を持つことができるようになりましたが、最初は外出することは許されませんでした。何ヶ月が経った後にやっと、日本人の舎監の許しを得て、五、六人の団体で、外に出ることができるようになりました。しかし外出しても、お金はほとんど持っていなかったため、ひと月に一度くらい、工場の前で売っていたおかゆを買って食べて、町内を少し歩いて帰って来るの程度でした。外出できるようになってから、外に出てそのまま逃げ出したいと思いましたが、舎監から、逃げてもつかまると脅迫を受けていたし、また、工場にも大正警察からよく警察官が来ていたので、すぐにつかまると思ってあきらめていました。

このような外出も一九四四年に徴用されることになると「逃げたらすぐに家族が不利益を被る」と脅威するなど、監視がより厳しくなりました。

朝鮮人労働者の給料は、舎監が全部まとめて受け取っていました。頼んで給料袋を見せてもらったことがありますが、給料袋の表に、自分の名前と控除項目、金額が書かれていましたが、同原告は現在、その内容をよく憶えていません。同原告が初月給をもらう時、会社は、強制で郵便貯金に加入させ、月給のすべてを強制的に預金させ、通帳と印鑑は寮長が保管しました。給料を直接受け取りたいと言った人もいましたが、そんな大きいお金を渡せば逃げるから渡せないと言って、もらうことができませんでした。そして日本へ来て二、三ヶ月位経った後、小遣い位のお金をもらえるようになりましたが、ひと月に一度位のおかゆ代と外出の時の小遣いで、すぐ消えてしまいました。

一九四四年になって、同原告は、寮の責任者から口頭で、徴用の令状が出たという話を聞きました。それを聞いて同原告は、今よりもっと自由がなくなると思い、また、二年間の労働という約束が破られるのではないのかと不安に感じました。

そして一九四四年の秋頃に同原告は徴兵検査を受けて、海軍航空整備兵として徴兵されると聞きました。同原告は、徴兵されれば死ぬかも知れないと思い、友達に、二人で逃げたいと話をしました。ところが、そのような話をしただけなのに、仲間が密告して、ある日寮にいるとき、同原告は呼び出されました。外に出ると、人が集まっており、その人々の前で舎監が「逃げようとしただろう」と追及しました。「誰がそんなことを言ったのですか」と聞くと、「それは言えない」と言って、木刀で二十回位ひどく叩かれ、半殺しにされました。さらに舎監の部屋に連れて行かれ、腕立て伏せの姿勢でじっとしている体罰を受け、姿勢が崩れたらまた殴られました。

数えられないほど殴られ、その後三、四日間は体が痛くて、到底仕事ができませんでした。食事も、友達に食堂まで脇を抱えてもらって行き来するほどでした。その後、痛みがまだひかない状態で工場に出勤しました。同原告は最近、尻骨にひびが入った跡があると医者から聞きましたが、この時の負傷のせいではないかと思っています。同原告は、召集通知が来る前に、清津に移動したため、実際には軍隊には行きませんでした。

日本へ来てから時々敵機来襲の警報が鳴ったり偵察機が飛んで来たりする事がありました。同原告はそういう事に慣れていなかったため、その度ごとに恐怖に震えました。

一九四五年三月の空襲の際、同原告は寮にいました。その時は昼でしたが、空は真っ黒で、爆弾を落としているのが見えて大阪全体が火の海になったことが分かりました。同原告は工場へ行って、鉄板の下に隠れていましたが、連絡担当で工場の外に出ていた同僚柳大根が、焼夷弾に当たって病院に運ばれて行ったとのことで病院へ駆けつけました。行ってみると、柳大根の服は全部燃えてしまっており、膝の下に焼夷弾が刺さっている状態でした。

その時はもう夜になっており、ろうそくの明かりの中、柳大根は、麻酔もなしにのこぎりで右足を切断されました。同原告が彼の横で看病しましたが、結局死んでしまいました。

空襲の後に、朝鮮の清津に工場を移転するという話が出ました。そして一九四五年六月頃、同原告たちに、移動するから荷物を整理しろという指示が下りました。しかし行ってからどうなるのか、いつまで仕事をしなければならないかなどの説明は全然なく、二、三日後に出発しました。清津では寮の舎監が引率者としてついていたので、同原告は、これまで日本で働いた給料の貯金を返してくれと言いました。すると、日本に帰った時、持って来て、次回清津に来た時に返すという返事でした。同原告はどうするすべもなく、その言葉を信じるしかありませんでした。

清津に到着してみると、後に募集された朝鮮人労働者が先に来ており、工場建設の基礎工事をしている段階でした。同原告たちは彼らと合流して、一日に十二時間ほど土木工事に従事しました。工事の最中に、同原告のすぐそばで、掘った土が崩れて朝鮮人が死亡する事故が発生しました。ここには寮のような施設もなく、一戸建ての建物に分かれて泊まりましたが、同原告は日本で働いて貯めた給料をもらわなければならないと思い、逃げ出すことはしませんでした。

しかし、工場が稼働して間もなく一九四五年八月十三日の朝、出勤すると日本軍の施設がソ連軍の攻撃を受けたと聞き、憲兵から避難しろという指示がありました。同原告は荷物をまとめに宿舎に戻ると、茂山に逃げろと指示書が貼ってあったので、一昼夜かけて茂山に逃げました。茂山に到着した後、ソウルへ行こうと汽車に乗ろうとしましたが、すごく満員でした。次の汽車があるかどうか分からなかったため、機関車の上にへばりついて煤煙と灰をかぶりながら命がけでソウルに逃げました。

ソウルに到着したのは同じ年の八月十六日であり、昨日解放されたということを初めて知りました。同原告は、ソウルに到着したその日にソウルの日本製鉄事務所へ行きましたが、誰もいませんでした。その後、日本製鉄から未払い賃金の支給などについて何の連絡も受けていません。

その後、同原告は、生活するために精一杯働きました。また、朝鮮戦争が起きる前に入隊して、戦争では生きて帰って来ることができましたが、その後、日々の暮らしで精一杯で、日本製鉄に給料を請求することもできませんでしたし、どうやって請求すれば良いかもわかりませんでした。

同原告が一九九七年、原告呂運澤と日本で訴訟を提起した後、同原告たちは、訴訟の支援者と日本製鉄大阪工場があった大正恩加島を訪問して、当時の寮と工場、柳大根が右足を切断した病院の場所を捜しました。同原告が入った寮があった場所は、中山製鋼の体育館が建てられていました。そこでは、昔、日本製鉄で働き、「朝鮮人訓練生」がいたことを憶えている人とも会いました。また、裁判を支援する会が、空襲で死んだ無縁者の墓を探した結果、柳大根が、服部緑地の墓に眠っていることが分かり、解放から五四年経って、墓参りができました。

解放六〇周年、終戦六〇周年を迎える今年、被告会社は、真正な韓日関係の発展のために、自らが何をしなければならないか、十分に思いを巡らさなければならず、六〇年前、被告会社の工場で、自由を奪われたまま奴隷のような境遇で強制労働に従事した朝鮮人の血と汗、恨と涙の価値を悟り、心から湧き出る謝罪と、当時支給しなかった賃金の支給を通じて、真正な和解を図らねばならないのです。

(三) 原告 李春植

原告李春植は一九二四年一月二七日、全羅南道羅州郡平洞面龍洞里で長男として生まれました。同原告の父親は、故郷で郡守職をしていましたが、同原告の母と結婚して同原告と弟を生んだ後、日本の東京に行って旅行社をしていました。

同原告は、高校に二年生まで通い、太平洋戦争直前の十七歳の時、大田市役所が報国隊として、中・高生八〇人を集めて日本に送る時、同原告は、父が新しい母を得た状態なので、同原告自身が日本に行くのを希望し、父親が大田市役所に推薦して行くようになりました。八〇人のうちほとんどは大田市役所の推薦で行くため、朝鮮よりは良い条件で働けるだろうと期待して自発的に行きました。

大田市役所の前に集結して歓送行事を終え、日本製鉄の募集担当官の引率者に従って、列車に乗って釜山に行き、関釜連絡船に乗って下関に着き、初めて日本の土を踏みました。列車に乗って東京を過ぎ、岩手県の釜石駅に到着し、すぐ釜石製鉄所に行きました。釜石製鉄所には、寮が五つあり、一つの寮に二〇人ずつ入りました。

寮は二階建てで部屋は比較的広かったです。一部屋に八人ずつ入りました。食事は米飯に雑穀を交ぜたもの、おかずは鯨肉、野菜、タクアン、みそ汁などが出ました。食事は比較的良い方だったと記憶しています。服は工場から作業服が支給され、また、外出着が別に支給されました。

同原告が初めて配置された部署は、北海道から運ばれてきたコークスを溶鉱炉にすくい上げるという荒仕事をする部署でした。一日の勤務時間は、朝 七時三〇分に工場に出勤し、八時から仕事を始めて、昼休みが一時間ありました。昼食は、寮が用意した弁当を食べました。午後四時三〇分に作業が終わりましたが、つらい労働で、初めの頃は、とても大変でした。

会社に監督官がいて、監督官は、満州事変にも動員され、日本軍で満期戦役した人でした。半月に一度ほど、憲兵が人員を把握しに来たものです。仕事に出ず、要領よく振る舞う人がいると、日本の憲兵に足蹴をくらいました。

日本人の女子学生たちが、報国隊として動員されており、一緒に仕事をしました。休日には、日本人の女子学生たちが家に招待したり、監督官が紹介してくれたりしましたが、気恥ずかしくて同原告は応じませんでした。日本人の女子学生たちはセメントの煙瓦を作る仕事に従事していました。

同原告が主に従事した仕事は、コークスを溶鉱炉に入れる仕事と、鉄が出れば、また釜に入れる仕事でした。ほこりがひどい現場での労働でした。仕事をしていて、たまにけがをする人もいました。同原告も、鉄が溶かされて出てくるとき、不純物に足がひっかかって倒れ、腹にひどい傷を負い、病院で腹を縫った後、三ヶ月ほど病院に入院したこともありました。作業の途中、日本人が高い所から落ちて死亡する事件もありました。技術的な仕事は主に日本人たちが行いましたが、朝鮮人たちはきつくて危ない仕事に従事しました。

月給は、現金で支給を受けた事実はなく、労務課で管理されていたため、いくら貯金されたのかも知ることができませんでした。

最初の六ヶ月間は外出が禁止されました。六ヶ月が過ぎる頃、日曜日の午前十時から午後四時まででは外出が許可されました。外出のためには会社が発行する外出証が必要でした。同原告もよく外出をして、市内見物をしたり、海で魚釣りを見物したりしました。お金を持っていなかったから、旦那が徴兵された日本人女性の家に行って、仕事を手伝い、ご飯をいただいて帰って来るのが関の山でした。

同原告は徴兵対象年齢になるとすぐ、日本の兵務庁へ行って、現役兵たちの監督下で身体検査を受けました。身体検査で乙種を受けましたが、甲種より先に徴兵令状が出て、朝鮮に帰国して龍山に行きました。龍山二三部隊で三ヶ月間訓練を受けた後、日本に配置され、日本の神戸にある八八七五部隊で勤務しました。同原告が所属した部隊は、学校を占拠して駐屯しており、部隊長は中佐でした。

軍では、米軍の捕虜がたくさんいる米軍捕虜収容所に勤務しました。米軍の捕虜たちは、同原告が朝鮮人であることを知っていました。同原告は彼らをよく待偶し、大きな摩擦はありませんでした。

軍に入隊するまで、月給は全然受けることができませんでした。国で貯金してくれているということを聞いただけでした。

軍にいる時は、夕方、Ｂ２９による空襲が激しかったです。空襲で、木造の建物がたくさん燃え、市内にいる民間人もたくさん死にました。防空壕に隠れた人々も、防空壕が崩れて多くの人々が死にました。部隊周辺で焼夷弾の空襲によって火が起これば、これを消しに行きました。

焼夷弾による空襲が多かったため、木造建物が多い都心の民家は、大きな被害を受けましたが、学校を占拠して駐屯していた部隊には、大きな被害はありませんでした。

軍で十ヶ月ほど勤務して、一九四五年八月十五日を迎え、解放されました。朝鮮人二百人余りが団体で帰国船に乗って帰りましたが、同原告は、会社の未払い賃金を受け取るため、釜石に行きました。釜石に着くと、米軍の艦砲射撃によって工場が全壊しており、何も残っていませんでした。

同原告は労務課一中隊長を訪ね「私は長男だから、故郷に帰らなければならない」と伝えましたが、月給は一切の支払ってもらうことができず、会社が持っている補給品を背負って下関に行き、連絡船に乗って帰りました。

故郷に戻ると、家族たちが、死んだ人が生きて帰って来たと喜んで迎えてくれました。故郷に戻ってきたときは二三歳になっていました。農業をすることはできなかったし、稼いできたお金もないし、長い間日本にいたため、故郷でできる仕事もこれといってありませんでした。軍隊に行っていた人を警察が募集しているということを知り、警察に就職して、その後警察署に勤務しました。

朝鮮戦争の時もずっと警察で勤務をしましたが、警察署に勤務していたので、大きな被害は受けませんでした。朝鮮戦争後にもずっと勤務をしていましたが、非常措置法第一号により退職しました。その後、国会議員に当選した叔父の下で、しばらく秘書をしました。その後、ガソリンスタンドを経営しながら、大韓航空の航空券販売の代理店をしました。オイルショックの時に事業を整理し、現在は、子どもたちからの支援を受けて暮らしています。

同原告は最近、日本製鉄徴用者の供託名簿を通して、預貯金二三・八〇円が供託されている事実を確認しましたが、これは三年余りの勤務に比して、あまりにも少ない金額です。そして、昭和二〇年(一九四五年)十二月二七日に事故で帰国したと記録されていますが、同原告は、事故に遭った事実はありません。釜石製鉄所が、連合軍の空襲によって全焼していて勤務できないので帰国したのです。

同原告は、朝鮮戦争参戦警察の有功者に国家から支給される月六五、〇〇〇ウォンが収入の全てであり、子どもたちが少しずつ小遣いくれることでどうにか生活しています。妻も死亡したし、子どもたちも分家して、現在は一人で貧しく生活をしています。社会福祉共同募金会から独居老人のための支援を受けるのが精一杯です。

同原告は、幼いときに家族と別れて日本製鉄に行き、会社のために働き、日本軍に徴兵されてからも、死ぬほどの危険な目に何度も遭いながら日本で生活しました。日本の敗戦前後には、日本製鉄も大きい打撃を受けて賃金を支払うことができなかったとしても、今となっては、正当な労働の対価を被害者たちに返さなければならないのです。

同原告は、日本製鉄を受け継いだ新日本製鉄に、当時、残酷な環境下で強いた労働の未払い賃金の支給及び正当な賠償を要求します。

(四) 原告　略

(五) 原告　金圭洙

原告金圭洙は一九二九年二月十二日、全羅南道潭陽郡水北面井中里で五男三女の五男として生まれました。同原告の両親は農業をしており、また、父親は村の区長をするなど、中程度の農家として、さほど苦しくない生活をしていました。同原告は、全羅北道の金堤に引っ越して初等学校を卒業した後、再び群山に引っ越しました。そこで、日本人が経営する印刷所で植字見習工として働きながら、群山商業補習学校(後に光東中学校になる)の夜間部二年生に通っていました。十七歳になった一九四三年一月頃、当時の群山府(現在の群山市)から徴用令状を交付され、日本の九州にある八幡製鉄所に行くことになりました。出発するまで、どこに何をしに行くの知らされず、日本の、名も知らない港に到着して、会社から来たという日本人に引率されている時、初めて八幡製鉄所の労務者として行くという事実を知りました。

同原告は、日本に到着してからは、妙見という訓練所に収容され、二週間、職業訓練と軍隊に準ずる訓練を受け、その後、八幡製鉄所に配置されました。八幡製鉄所は日本が誇る非常に大規模な工場であり、工場の規模が大きいため、工場の中には鉄道が敷かれており、鉄生産のための各種原材料や生産品などを列車が運んでいました。この列車を円滑に通行させるため、構内の要所に信号所が設置されていました。同原告は、その中の一つである北信号所に配置されて、線路を転換させるポイント操作と、脱線防止のためのポイントの手入れ(注油と汚染物除去)に従事しました。

信号所内での勤務は、他の現場に比べれば、あまり大変な仕事ではありませんでしたが、真夏には、線路周辺の放射熱と粉塵などで大変で、また、真冬には、雪が降れば、それを除去するのも大変でした。幼い年で不慣れな外国に強制動員されてつらい仕事に従事し、お腹もすき、また、親兄弟が恋しくて、日夜泣きながら過ごしました。

同原告が入所して三ヶ月ほど経った時、友人の林炳一の強い勧めで一緒に逃走しましたが、捕まり、七日間、拷問と飢えで、恐怖の日々を過ごしました。同原告が動員された間、全然給料を与えられず、実家には一銭も送ることもできませんでしたが、当時、同原告は、国がないため、軍人のように強制動員されたと考え、勤労奉仕をする気持ちであり、生きて帰れれば良いという考えで仕事をしました。会社を相手にして月給をくれと要求したことはなく、会社で月給を与えるという話もありませんでした。

日常生活と給食など、処遇はあまり悪い方ではありませんでしたが、寮生活をしている間は、一切の休暇や個人行動は許されませんでした。

八時頃出勤し、二交替で勤務しました。監視は厳しくなかったですが、外出が一切許されない監禁状態で働きました。退社するまで工場の外に出たことがありませんでした。ある日、外航船に乗っている同原告の兄さんが面会に来た時も、寮で一日を一緒に送る程度でした。

配給は豆(いり豆)ご飯と、沢庵、みそ汁であり、肉は食べた記憶がなく、量が絶対的に不足しており、いつも飢えに苦しんでいました。幼い年で飢えに苦しみながら仕事をしていたため、食堂にいるおばさんがお焦げを密かに持って来てくれたりもしました。

同原告が働いた信号所の近くには溶鉱炉があり、そこでは連合軍の捕虜たちが、炉に石炭を投げ込んでいる光景を目にしました。戦争末期には、八幡市内でも爆撃がひどく、多くの建物が燃えて、時々、死骸を焼く臭いが寮周辺でもしました。

一九四五年八月十五日に、一緒に働いていた日本人たちから、日本が敗戦したという事実を聞きましたが、同原告は、何の指示も受けず、帰国するまでずっと会社に出勤して仕事をしなければなりませんでした。ある日、舎監の指示で被徴用者全員が食堂に集まりました。そして「日本が敗戦し、お前たちは自分の国に帰ることになった。これまでご苦労だった」と言いました。そして、封筒を一枚ずつ与えながら「このお金は、お前たちが帰る旅費だ」と言って、一金二百円ずつ受け取りました。

そして一九四五年九月初旬頃、現地で合流した朝鮮人三〇人余りと一緒に、漁船を借り、下関港を出航して帰国の途に着きました。玄界灘で台風に遭い、二日間を漂流し、すべての携帯品を失って対馬に上陸して命拾いしました。船を修理して一九四五年九月下旬頃、釜山港に帰国しました。

日本製鉄が作成した供託報告書によると、同原告は、創氏改名による氏名、金山圭洙という名前で昭和一七年(一九四二年)一月に雇用されて、昭和二〇年(一九四五年)九月三日に整理解雇されたことになっており、「賃金」という名目で四〇円が供託されているという事実を確認しました。

しかし同原告は、日本製鉄で勤務した全期間中、一銭の給料も受けた事実がないし、「賃金」名目の四〇円だけ供託されているという事実にはあきれるばかりです。これは、会社が、責任を回避するために意図的に関連記録を操作し、意図的に縮小して供託したことによるものと推測されます。

同原告は、日本帝国主義によって徴用され、日本製鉄株式会社で強制労役したという事実を恥ずかしく思い、家族はもちろん、周辺の知人たちにも話しませんでした。幼い年で、日本製鉄で、賃金を一銭たりとも受け取ることができないまま労役したことに対し、会社レベルでの丁寧な謝罪と正当な賠償を要求します。

供託関係史料　供託名簿

供託書番号	供託年月日	供託所名	受取人氏名	本籍地	雇傭及解雇の時期 入所年月日	雇傭及解雇の時期 退所年月日	解雇の事由	未払金内訳 給料	未払金内訳 諸手当	未払金内訳 預り金	未払金内訳 其の他	計	摘要
二一五五	昭22.3.18	大阪供託局	松山寿根	[illegible]	昭18.9.16	昭20.6.25	[illegible]	[illegible]	—	—	—	[illegible]	
二一五六	昭22.3.18	同	金富長桂	[illegible]	昭〃	昭20.6.11	〃	[illegible]	—	[illegible]	—	[illegible]	
二一五七	昭22.3.18	同	延安義球	[illegible]	昭〃	昭20.6.25	〃	[illegible]	—	[illegible]	—	[illegible]	
二一五八	昭22.3.18	同	金海斌徳一	[illegible]	昭〃	昭20.6.11	〃	—	—	[illegible]	—	[illegible]	
二一五九	昭22.3.18	同	松平根三	[illegible]	昭〃	昭20.6.25	〃	[illegible]	—	[illegible]	—	[illegible]	
二一六〇	昭22.3.18	同	[illegible]	[illegible]	昭〃	昭20.6.11	〃	[illegible]	—	[illegible]	—	[illegible]	
二一六一	昭22.3.18	同	宮本金澤	[illegible]	昭〃	昭〃	〃	[illegible]	—	[illegible]	—	[illegible]	
二一六二	昭22.3.18	同	景山明男	[illegible]	昭〃	昭〃	〃	[illegible]	—	—	—	[illegible]	
二一六三	昭22.3.18	同	高木福吉	[illegible]	昭〃	昭20.6.25	〃	[illegible]	—	—	—	[illegible]	

供託関係史料　供託書

証甲第 48 号証

供託番號
昭和22年金第 2051 號

受託係 22.3.19 入受

供託書

供託者　東京都麹町区丸ノ内貳丁目貳拾番地壱
日本製鐵株式会社
代表取締役　三鬼　隆
大阪市西区靱南通壱町目拾番地
權藤達夫

委任状昭和二二年金第二〇九〇号末用
資格証明昭和二二年金第　号末用

受理　調査　記入　合致

一、金四百九拾五圓五拾貳銭也

一、供託ノ原因タル事實
右金員ハ債務者タル供託者ヨリ債權者タル指定受取人ニ支拂フベキ昭和貳拾年六月分ノ給料諸手當金退職金積立金貯金タル退債權者ノ居所不明ノ為交付スルコト能ハザルニ付弁済ノタメ供託
但シ大阪市大正区南恩加島町六番地日本製鉄株式会社大阪事務所大阪工場ニ於テ支拂フベキモノ

一、供託スベキ法令ノ條項　民法第四百九拾四條

一、供託物ヲ受取ルベキ者ノ指定
元住所　朝鮮慶尚南道晋陽郡壽町一三六　宮本雲澤
現住所　不明

右供託ス
昭和貳拾貳年参月拾九日

5.14

右供託者代理人　權藤達夫

大阪供託局御中

3422

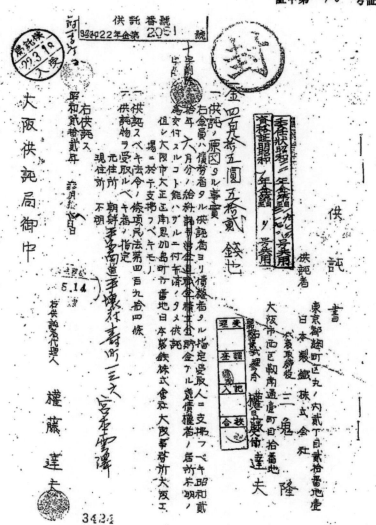

主要参考文献

日本製鉄元徴用工裁判を支援する会資料
金圭洙「日本製鉄徴用被害者体験手記」二〇〇二年
申千洙「尋問調書」(大阪地方裁判所)二〇〇〇年三月七日
呂運澤「尋問調書」(大阪地方裁判所)二〇〇〇年五月九日
「日本製鉄韓国訴状」二〇〇五年

「朝鮮人労務者関係　勤労課」(日本製鉄資料)
『日本製鉄株式会社史』日本製鉄株式会社史編集委員会一九五九年
古庄正「日本製鉄株式会社の朝鮮人強制連行と戦後処理」『駒沢大学経済学論集』第二五巻第一号一九九三年　http://repo.komazawa-u.ac.jp/opac/repository/all/10783/KJ00005119841.pdf
「過去の克服　ＩＬＯ勧告受け強制労働被害者補償へ」強制連行・企業責任全国ネットワーク編二〇〇五年
吉澤文寿編『五〇年目の日韓つながり直し　日韓請求権協定から考える』社会評論社二〇一六年
「韓国大法院判決」山本晴太「法律事務所のアーカイブ」　http://justice.skr.jp/koreajudgements/12-5.pdf

著者紹介
中田光信（なかたみつのぶ）
1954年生まれ、京都府在住。1997年の日鉄大阪裁判提訴以来、原告らの支援活動に取り組む。日本製鉄元徴用工裁判を支援する会（関西事務局）、強制動員真相究明ネットワークに参加。

強制動員ブックレット1

日本製鉄と朝鮮人強制労働

－韓国大法院判決の意義－

中田光信　著

2023年5月20日　第1刷
発行（公財）神戸学生青年センター出版部
〒657-0051　神戸市灘区八幡町4－9－22
TEL 078-891-3018　FAX 078-891-3019
URL http://www.ksyc.jp
定価　本体500円＋税
ISBN978-4-906460-68-7 C0036 ¥500E
当出版部の本は地方小出版流通センター扱いです。
落丁・乱丁はお取かえいたします。

神戸学生青年センター出版部・出版案内

金慶海・堀内稔　在日朝鮮人・生活権擁護の闘い—神戸・1950 年「11・27」闘争　1991.9 1800 円
尹静慕作・鹿嶋節子訳・金英達解説　母・従軍慰安婦 かあさんは「朝鮮ピー」と呼ばれた 1992.4 1000 円
金英達編　朝鮮人従軍慰安婦・女子挺身隊資料集　1992.7 1100 円
金英達・飛田雄一編　1992 朝鮮人・中国人強制連行強制労働資料集　1992.7 1400 円
兵庫朝鮮関係研究会・編　在日朝鮮人 90 年の軌跡ー続・兵庫と朝鮮人ー1993.12　2300 円
脇本寿　朝鮮人強制連行とわたし川崎昭和電工朝鮮人宿舎・舎監の記録　1994.6　400 円(複写版)
金英達・飛田雄一編　1994 朝鮮人・中国人強制連行強制労働資料集　1994.7　1600 円
鄭鴻永　歌劇の街のもうひとつの歴史—宝塚と朝鮮人　1997.1 1800 円
金乙星　アボジの履歴書　1997.10 2000 円
韓国基督教歴史研究所・信長正義訳　3・1 独立運動と堤岩里教会事件　1998.5 1800 円
朴慶植・水野直樹・内海愛子・高崎宗司　天皇制と朝鮮　1989.11 1200 円
高銀　朝鮮統一への想い　2001.9 400 円
ジョン・レイン、平田典子訳　夏は再びやってくる —戦時下の神戸・オーストラリア兵捕虜の手記ー　2004.3 1800 円
竹内康人編　戦時朝鮮人強制労働調査資料集 増補改訂版 —連行先一覧・全国地図・死亡者名簿—　2015.1 I　2000 円
竹内康人編　戦時朝鮮人強制労働調査資料集 2 —名簿・未払い金・動員数・遺骨・過去精算—　2012.4　1900 円
強制動員真相究明ネットワーク・民族問題研究所編 「明治日本の産業革命遺産」と強制労働　2017.11 500 円